神話與時間

關永中 著

臺灣學生書局印行

再版說明

中山學術文化基金會為加強青年及一般國民之通識教育，特於民國八十五年主編「中山文庫」一套，內容以人文、社會、科技為主軸，邀請海內外專家學者撰寫，計共百冊，每冊十萬字為度，俾能提倡社會讀書風氣，形成書香社會。交由臺灣書店印行，現該書店業已結束經營，而文庫諸書亦多已售罄。基金會即商請再版印行。本書局在臺成立四十六年，主要以提倡學術文化，建立書香社會為職志，而文庫之內容簡明扼要，論述鞭辟入裏，必能裨益學林，遂欣然同意陸續規劃發行。爰以再版在即，敘述緣起如右。

臺灣學生書局　謹啟

中華民國九十三年九月

序

中山先生不僅是創立中華民國的　國父，而且也是廣受國際人士推崇的一位偉大的思想家。中山先生自謂其思想學說的主要淵源，乃係數千年來中華民族文化的一貫道統。而孔子的大同思想，尤爲其終身所嚮往。故中山先生一生欲謀解決的，乃是中國和全世界人類的共同問題。他的思想學說之所以能夠受到各國有識之士的重視，自非無因。

蔡元培先生所撰之「三民主義的中和性」一文中，談及古今中外許多思想家和政治家所提出的解決人類問題的主張，大都趨向於兩個極端。例如中國法家的極端專制，道家的極端放任。又如西方人士主張自由競爭的，則要維持私有財產制度；主張階級鬥爭的，則要沒收資本家的一切所有，這些都是兩極端的意見。而具有「中和性」的三民主義，則是「執其兩端，用其中」，主張不走任何一端而選取兩端的長處，使之互相調和。所以蔡先生說：「能夠提出解決人類問題的根本辦法的，衹有我們孫先生，他的辦法就是三民主義。」因此蔡先生一生服膺三民主義，成為中山先生最忠實的信徒。

從中山先生傳記中，可知他青年時期所接受的是醫學的專業教育，故對自然科學具有良好的基礎。加以他博覽中國的經史典籍，並精研西方的「經世之學」，所以他的思想學說，實涵蓋了人文、社會及自然科學的各種領域。因而他對達爾文的進化論、馬克斯的唯物史觀以及西方的資本主義，均能指出其錯誤和偏差。而中山先生一生主張「把中華民族從根救起來，對世界文化迎頭趕上去」。正如孔子一樣，他眞正是一位「聖之時者」的偉大人物。

中山先生常言：「有道德始有國家，有道德始成世界」。環顧今日國內則社會風氣日趨敗壞，「四維不張」，人心陷溺，而國際間則爾虞我詐，戰亂不息。在整個世界人人缺乏安全感的環境中，我們更不能不欽佩中山先生數十年前的眞知灼見。他這兩句特別重視道德的「醒世警語」，實在是人類所賴以共存共榮的金科玉律，更為一種顚撲不破的眞理。今日由於交通及電訊的便捷，有人常稱現在全世界爲一「地球村」；但如在此地球村生存的人沒有「命運共同體」的意念，則所謂地球村，僅係一空洞名詞。中山先生所遺墨寶中，最常見者爲「博愛」與「天下爲公」數字，我們倘能廣爲宣揚他這種「爲往聖繼絕學，爲萬世開太平」的理念，則大家所居住的地球村，將可呈現一片祥和的景象，使人類獲得永久的和平與幸福。

中山先生一生特別強調「實踐」的重要，故創有「知難行易」的學說。所以我們今日研究中山先生的思想學說，似不宜專注意於其理論的層面，而應以中山先生思想學說的重要理念爲基礎，進而參酌各種學術研究的最新成果，與世界潮流未來發展的趨勢，以及我國社會當前的實際需要，藉使中山先生思想學說的內涵，能不斷增補充實，與時俱進，成爲「以建民國、以進大同」的主要指標。

中山學術文化基金董事會自民國五十四年成立以來，即以闡揚中山先生思想及獎勵學術研究爲主要工作。余承乏董事長一職後，除繼續執行各項原定計畫外，更邀請海內外學術界人士撰寫專著，輯爲「中山叢書」及「中山文庫」。同時與報社合作，創刊「中山學術論壇」。此外，復就中山先生思想體系中若干易滋疑義之問題，分類條列，悉依中山先生本人之言論予以辨正。務期中山先生思想在國內扎根，向國外弘揚，並進而對促成中國和平統一大業能有所貢獻。

劉真

中華民國八十三年六月

於中山學術文化基金會

目次

導論

按照柏拉圖（Plato）對話錄《費特羅斯》（*Phaedrus*）的傳述：在風和日麗的一個夏日，蘇格拉底（Socrates）和友人費特羅斯到城門外聊天，悠閒地躺臥在依溺西（Ilissus）河岸的冷泉旁，聆聽著清朗的泉聲與林蔭間的蟬鳴，享受著和風的拂面及夏日的深吻。此時，費特羅斯不自覺地掀起了一縷思潮，聯想起了與這河岸有關的一段神話故事：……北風神玻瑞阿斯（Boreas）愛上了那位貌若天仙的公主俄里梯亞（Orithyia），於是，趁她在依溺西河岸嬉水的時候，刮起了一陣北風，把她掠走了。……俄里梯亞後來還替他生了兩個兒子：澤成斯（Zetes）和卡萊斯（Calais），而他們日後還參與了伊阿宋（Jason）的尋找金羊毛之旅呢！……想到這裏，費特羅斯便情不自禁地追問：「蘇格拉底，您相信這故事是眞的嗎？」（*Phaedrus* 229d）蘇格拉底就向他吐露了以下的心聲：

「如果我想追上潮流，我大可以隨著那些自命爲有科學頭腦的人說：我不相信有這回事！也許我甚至用科學般的眼光去解釋說：當俄里梯亞在河邊玩水的時候，被北風（Boreas）捲走而死，後人把這事編成動人的神話。……然而，我幷不羨慕那些自命聰明的人的詮釋！……與其勉強神話故事去遷就科學解釋，不如反心自問：我自己是否比神話人物更複雜、更驕傲、或者更單純、更溫柔……」（上文爲 *Phaedrus* 229c-230b 的意譯）。

字裏行間，蘇氏在暗示：他除了願意引用神話情節來反省人的意義外，幷不贊同我們把神話批評爲非歷史而加以貶抑，也不贊同我們用神話情節來遷就科學解釋以求合理化；誠然，這樣的企圖徒然加深了人對神話的誤會，抹煞了神話的眞義。……於此，讓我們藉蘇氏之言來引起動機，去體味一下人對神話能有的誤解。

第一節：人對神話會有的誤解

人對神話會有的誤解大概可分爲下列的六個典型：

1. 普通人的誤解：一般人會把「神話」與「虛假」劃上等號。去說「這是神話」、就相等於說「這是虛幻不實」。

2. 史學家的誤解：史學家有傾向把「神話」看成爲「腐化了的歷史」，以爲上古英雄被神化了，在神話中蛻變爲神明。

3. 科學家的誤解：科學家也許會把「神話」解釋爲「自然事物的擬神法」，認爲天象中雷電風雨的威能，被先民神格化了，而演變出雷神、風神等傳說。

4. 基督信徒的誤解：十八世紀的基督徒曾一度主張，聖經的記載是歷史事實和眞理，外邦人的「神話」是「妙想天開的故事」。

5. 哲學家的誤解：哲人如郎尼根（Bernard Lonergan）也會推想說，「神話」是「缺乏自我認知之談」。〔參閱 B. Lonergan, *Insight.* （N.Y.:Philosophical Library, 1957），p.543〕。

6. 詮釋學家的誤解：部分的詮釋學家以爲「神話」就是「寓言」，人們只須找出其中的寓意，則可剔除神話中的意象。

我們願意簡約地對上述的誤解作出下列的回應，以說明神話不等於是什麼：

1. 神話不等於是虛假之言：從語源學上說，希臘文之「神話」（*Mythos*）一辭，不單不包含「虛妄」之意，而且還寓意著它是有權威性的語言，表達出實體的最終意義。（字義容後詳論）。

2. 神話不等於是腐化了的歷史：神話的目標不在乎講歷史，而在乎象徵眞理，它是永恆眞理在象徵形式下的自我呈顯。

3. 神話不等於是對大自然作擬神法：神話的起因，主要不是因了先民對外在大自然威能之懼怕所導致的，而是由人內心靈性上的體驗所引發，它是人類屬靈經驗的崇高表達。

4. 神話不等於是妙想天開的故事：關於這點，連當代大部分的基督信徒也開始懂得自我批判地意識到：不單外邦人有神話成份，甚至聖經也有神話故事，而聖經神話是聖潔莊嚴的表達。爲此，我們不能說神話就是無稽之談。

5.神話不等於是缺乏自我認知的言辭：連郎尼根自己後來也懂得自我批判地承認這種說法不合時宜。〔參閱 B. Lonergan, "Insight Revisited", in *Second Collection.*（London: D.L.T., 1974）,p.275〕。

6.神話不等於是寓言：按照呂格爾（Paul Ricoeur）在《惡的象徵》（*Symbolism of Evil*）一書的分辨，寓言與神話之間至少有以下的三點差別：

a.「寓言」是先有一涵義，再套用一故事來表達這涵義。（例如：「龜兔賽跑」寓意「驕兵必敗」）。但「神話」故事并不預先刻意地被套用來表達或解釋任何涵義。（例如：「亞當夏娃」神話寓意深遠，卻不是被套用來表達某特定涵義）。

b.「寓言」所蘊含的意義是可以透過翻譯解釋的形式而被完全揭露出來；但「神話」的含義卻不能純粹透過翻譯解釋而被完全翻出來。

c.「寓言」的意思一旦被翻譯出來後，故事可以被丟棄；但「神話」卻不容許如此地被處理；人只有透過神話故事的意象來把握超越的事理，人若把神話故事的事象丟棄，他也一併丟棄了其中所蘊藏的涵義。

有關上述論點，我們將在下文作較詳細的分析。現在，我們既然已從消極的眼光領悟了神話不是什麼？我們可進而從積極的眼光去追問神話是什麼？以求爲神話下定義。

第二節：神話的定義

語源學的探討也許會幫助我們去對「神話」（Myth）這名辭作較深入的體會。古希臘文上隸屬於「神話」一辭的辭彙可有下列的樣本：

首先是 *Mythos* 一字，其表層意義指語言、文字、故事；它剛好相應了印歐語系中的 *Meudh* 一字，意謂著去反省、去思索、去考慮。這樣的一個名辭，看來有如下的暗示：即某些語言文字是蘊含著深奧的意義、值得我們去反思，以求體悟出其中的最終含意。爲此 *Mythos* 一辭的深層意義乃意謂著宣佈最有決定性、最澈底、最終極的義蘊。

再者，希臘文也有 *Mythologia* 一名辭，意指講述故事，而所講的故事、在某意義下是眞實的、具權威性的、發人深省的、使人肅然起敬的。*Mythologia*一辭後來還演繹爲英文之Mythology（神話學）一字。

正因爲*Mythos*與*Mythologia*等辭都意謂著宣揚莊嚴而具權威性的事理，因此先古典希臘文便顯示出：*Mythos Logos*（Mythic Word/神話語言）與Hieros Logos（Sacred Word/神聖語言）二辭之意義互相密切地吻合，以致我們發現到*Mythologein*（講述神聖事理）與*Theologein*（講述神之名、使神在人前顯得眞實）二字幾乎是同義辭。

綜合上述之體悟，我們對「神話」一辭可獲得這樣的一個初步的輪廓：「神話」乃特有的記載，有關神、超人、超自然事物，這些神、人、地、事、物都處在與人普通的經驗截然不同的時空之中；每一神話顯示自己爲具有權威性的話語、述及眞實的事實、不論這些事實如何與普通人的境界不同；再者，神話除了述說超性事理外，它也牽涉人的情況，例如：它談論到人的生老病死、悲歡離合、修心養性、愛恨交織等主題，因而吐露出人事上莊嚴的一面，叫人意會到人生中更深層的意義，藉以作人生命寫照的典型，并連貫了天人間的聯繫。

在進一步爲「神話」一辭提供一個更充分的定義以前，我們或許應首先面對以下的一件事項：衆所週知、沒有一個有關神話的定義能使所有的學者接受；其中的一個原因是我們常常混淆了神話（Myth）、演義（Legend）、神仙故事（Folktale）等體裁。理論上說，它們是彼此不同，但在實際的分辨上言，它們往往彼此蘊含、糾纏不清，以致難以辨認。

有關神話與演義間之分辨，理論上言，演義是以歷史人物、事跡作基礎而演繹出來；神話卻原則上是以其角色及處境都超越了歷史的。不過，實際上說，人類所留存的神話或演義幷不是如此地黑白分明的。例如：荷馬的《伊利亞特》（Homer, *Iliad*）以歷史事跡作基礎而被提升爲神話，因爲它充滿著象徵的深義、蘊含著莊嚴的主題，使人談之而肅然起敬；此外，其中所加添的幻想成份，更增進了其爲神話的色彩，更能顯現出天人間的關聯。因此，世人都把它供奉爲希臘神話之典型。

談及神話與神仙故事間的張力，雖然此二者都同時具有神奇怪誕的情節，但主要的分別是：神話主題莊嚴，神仙故事則流於嬉皮笑臉、適用於娛樂場合。神話探討人倫道德、天人交往等論題，神仙故事只反映出妙想天開、幽默逗笑的遊戲人生。然而，實際上，此二者的內容也往往彼此混淆，糾纏不清。例如：希臘神話中的佩耳修斯（Perseus）之故事，是神話敘事而有濃厚的娛樂意味；反之，印第安人的淘氣精靈故事（Trickster Tales），卻是神仙故事而蘊含神話內涵。總之，二者的分界也不是如我們所想像般地明確的。

在理會到神話、演義、神仙故事在分辨上之困難後，我們也許可以開始爲「神話」一辭提供一個較充分的定義。固然不同的學者也許會對神話下不同的定義，然而，一個較好的有關神話的定義，最低限度應該蘊含以下的四個重點：

1. 它是象徵的表達。
2. 它是故事體裁。
3. 它寓意著超越界的臨現。
4. 它蘊藏著莊嚴而深奧的訊息。

茲把以上四者分析如下：

1. 神話是象徵的表達

按照哲學家呂格爾（Paul Ricoeur）《惡的象徵》〔*Symbolism of Evil.*（Boston: Beacon Press, 1967），pp.14-18〕的分析，神話中的人地事物乃象徵的東西。「象徵」（Symbol）就是具體事象藉「表層義」（Literal Meaning）向人傳遞「潛伏義」（Latent Meanig）。茲解釋如下：

a.象徵是「徵兆／記號」（Sign）

一個「徵兆／記號」乃是具體事象意向著一「表層義」。例如：「紅燈」乃一「記號」、藉「紅色的燈光」來表達「危險」之義；又「臉紅」是一「徵兆」、藉「臉色的呈紅」來透露「害羞」；它們都是藉著具體事象來傳遞一表面意義，如圖所示：

記號／徵兆 ＝ 形像 —意向→ 表層義

（Sign）（Image）（Literal Meaning）

e.g. 紅燈 → 危險

同樣地，象徵也是具體事象，也藉具體事象而意向著一表層義；站在這一點上，象徵也是記號，只不過它比記號來得更深遠：象徵是記號蘊含著雙重意向。

b. 象徵是記號蘊含著「雙重意向」（Double Intentionality）

記號只是藉事象而意向著一表層義而已，象徵卻再從一表層義上進一步意向著那更深入的「潛伏義」。例如：「污點」是一具體事象，以「某物被污染」爲其「表層義」，再意向著「靈性上的罪業」這「潛伏義」。如圖所示：

		第一重意向		第二重意向	
象徵	＝	形像	→	表層義	→	潛伏義
(Symbol)		(Image)		(Literal Meaning)		(Latent Meaning)
		↑		↑		↑
e.g.		污點	→	某物被污染	→	靈性的罪業

c. 象徵的雙重意向是透過類比的形式而傳遞

象徵的第一重意義只是類比物，透過類比的形式來把第二重意義引出來。人是藉著直覺而把握其中的相似性。而表層義與潛伏義之間的類比，是

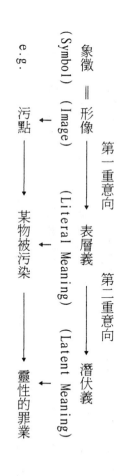

無法澈底地用思辯推理的方式來交待得清楚。

d. 象徵有別於「寓言」（Allegory）

象徵與寓言相似，它們都有雙重意向性，但二者間卻有以下的差別：

i. 寓言是先有寓意，再套用意象；象徵則反是。例如：寓言家先想及「驕兵必敗」的寓意，再套用「龜兔賽跑」的意象來表達；反之，象徵是自動自發的創造，事先并不刻意地要求用意象來解釋什麼涵義。例如：「亞當夏娃」故事意義深遠而多方面，并非作者事先想刻意地套用故事情節來表達那一個特殊的涵義。

ii. 寓言可透過翻譯而把潛伏義完全翻出來，象徵則不能。寓言的表層義是偶有而可被取代的，其潛伏義是輕易地被察覺的；爲此，其雙重意向的關係是翻譯的關係。反之，象徵則不能用翻譯方式來完全地翻出其中的意義；象徵只透過類比來暗示出其潛伏義，它有點像猜謎的過程，以若隱若現的形式來吐露出來。

iii. 寓言的潛伏義一經被翻出來後，寓言的意象就可以被丟棄，但象徵則并非如此。象徵的具體意象是達到潛伏義的唯一途徑，意象若被丟棄，則潛伏義也有遭受忘失的危險。爲此，象徵是「有限的形像」而透露出「無限的涵義」，它是取之不盡的源頭，不可隨便地被丟棄。

e.神話的象徵，有別於符號邏輯的符號

符號邏輯的符號如 p，q 等字母，可以完全取代人要表達的具體涵義；它可以用符號來計算，而不必追究其中具體的意義。但神話象徵卻非如此，它的第一義和第二義緊密相連；人除非透過第一義，否則第二義無從被領悟。換言之，符號邏輯的符號，可代表任何具體事物，但神話的象徵只代表第一義所贈予的第二義。

在探討了神話是象徵表達之後，我們可進一步說：固然神話是象徵，但幷不是所有的象徵都是神話；較嚴格地說，神話是故事體裁的象徵。

2.神話是故事體裁（Narrative）

神話就是象徵發展成故事，牽涉了故事的演繹，有其人物、時空、情節。換言之，一般的象徵只牽涉具體形像而缺乏故事的推演：例如：污點象徵罪，放逐象徵人疏離了神；它們只有形像而沒有故事。當象徵一旦發展成神話，則牽涉了故事的陳述；例如：亞當夏娃吃禁果而被逐出樂園一故事，透過敘事體裁而述說人因罪而疏離了神的經歷。爲此，神話人物套上了故事情節，才正式成爲狹義的神話；神話有佈局上的起承轉合，以致引出故事上的高潮與人物間的衝突，有時甚至引人入勝地叫讀者或聽者陶醉於其中的情節，使人不自覺地參與了其中的角色之感受。

3. 神話寓意著超越界的臨現

神話有時談及神明事跡，有時則談及人世間之事；然而，即使神話在談論人的事跡，它也叫人從中意會到超越界的臨現。例如《伊利亞特》（*Iliad*）談及特洛亞戰爭（Trojan War）的片段，即使沒有直接談到神，也使我們意會到神在干預著人間事；此外，俄狄浦斯（Oedipus）的悲劇，也叫我們從人事上體會到人的命運是不由自己操縱的。爲此，神話甚至用超越界的眼光去看人世，它是一超越的統覺，從超越的視域上透顯世間的整體，使人從生老病死、悲歡離合、甚至最平凡的小事上都窺見超越境界的蹤影。

4. 神話蘊藏著莊嚴而深奧的訊息

如前所述，希臘文的 *Mythos*（神話）一辭，寓意著具權威性的最終言語，那就是說，神話蘊含著莊嚴而深奧的訊息。首先，它保有著莊嚴的主題：它往往談論到一些有關超越界的奧秘、或人生命的意義、或罪惡的沈淪、或死亡的奧義、或愛的眞諦等等，使人聞之而肅然起敬。這些思潮與涵義一旦演變成具體的象徵與敘事體裁時，它特別能叫人感受到其中寓意的深遠；誠然，神話的象徵就有如一取之不盡的泉源似的，不斷給人引發起崇高深奧的思慮與靈感，叫人愈深究愈有所獲益。神話象徵固然是有限的意象，但它所指往的卻是那永恆、無限、而超越的境界，以致懷抱著湛深而豐滿的涵義，叫人終身受用、取之不竭，無人會說自己已揭盡了其中的寶庫而再沒有新義可被參透。

綜合起上述的四重意義，也許我們現在可以爲神話下一個比較受衆多學者所接受的定義：——神話是故事體裁的象徵、以寓意著超越境界的臨現、并道出莊嚴深奧的訊息。

第三節：神話與哲學的關聯

西方上古希臘哲學可說是與希臘神話有著莫大的關聯。沒有希臘神話，就沒有希臘哲學；希臘哲學是神話向抽象思維邁進：從神話到哲學的歷程，是一個轉化過程，甚至是突變的現象；在某意義上言，哲學是以抽象的語言來述說神話所象徵的眞理。西方神話與西方哲學之關聯，大體上可分爲三大轉折，其中還包含著六個時期，茲提綱如下：

I. 神話引發哲學
 A. 希臘哲學蛻變自希臘神話
II. 哲學企圖解釋神話
 B. 柏拉圖以前的寓意式的解釋
 C. 柏拉圖之以寓言來陳述哲學
 D. 柏拉圖以後的寓意式的解釋
III. 神話哲學——神話成爲哲學研究專題

E. 維各（G. B. Vico）對神話之探討

F. 維各以後的各派神話哲學

茲按上述綱領分析如下：

I. 神話引發哲學

A. 希臘哲學蛻變自希臘神話

上古希臘哲學出現以前，希臘文化早已是一個充滿神話深義的文化。希臘哲學家所面對的希臘世界觀，是一個被希臘神話所浸潤的世界觀。正如卡西勒（Ernst Cassirer）所說的：「當哲學企圖建立一套世界觀時，它所面對的，與其說是一個直接的現象界，不如說是一個被神話所轉化的實在界。」〔E. Cassirer, *Philosophy of Symbolic Forms*, Volume Two.（London:Yale Univ. Press, 1955），p.1〕。誠然，希臘哲人就在自己的文化中把握了神話的深義，而開始形成抽象的概念：希臘哲學就是希臘神話向抽象思維邁進，它是神話之深義蛻變爲抽象理論。例如：荷馬（公元前八世紀）以神話形式說：海洋是萬物的根源；泰利斯（Thales, 624-546 B. C.）則進而以哲學方式說：水是萬事萬物之原質。爲此，初期哲學之特色有二，其一是，它尚保留著神話所蘊含的超越義，恰如泰利斯所說的：萬物都充滿著神明；其二是，它尚保留著很多神話色彩，例如：恩培多克利斯（Empedocles, 492-432 B. C.）把宇宙的轉變描述爲一個愛與恨彼此消長的循環週期，這說法使人聯想到波斯摩尼教的二元論神話。

總之，上古希腊哲學開始於泰利斯，他代表著希腊文化內的新型態的智者，他的出現寓意著希腊文化從神話象徵蛻變爲抽象理論。

Ⅱ. 哲學企圖解釋神話

如果哲學與神話拉上關係的第一階段是神話蛻變爲抽象言辭，那麼，它的第二階段是哲學以質疑的眼光面對神話，開始問：神話蘊含什麼深義？哲學家要求以哲理思考來解釋神話背後的義蘊：換句話說，哲學家開始企圖以「寓意式的解釋」（Allegorical Interpretation）來解釋神話，希望藉此參透其中的寓意。柏拉圖以前及以後的時期都盛行著這樣的風氣，而柏拉圖自己卻是一個例外。

在談及柏拉圖前後的「寓意式的解釋」以前，先讓我們探討一下「寓意式的解釋」這片辭的涵義。「寓意式的解釋」誠然是上古希臘的詮釋學：詮釋學（Hermeneutics）一辭，語源自古希臘文之動詞 *Hermeneuein*（解釋／To Interpret）與名詞 *Hermeneia*（解釋／Interpretation），上古詮釋學就是一門解釋的技能，其中蘊含著下列的三重意義：

上古詮釋學之第一義爲解釋神的籤語（Oracles），古人到神廟求籤，所獲得的籤語意義隱晦，需要解釋；於是有解釋者向人解釋神的話語，藉此向人傳遞神的意思。

上古詮釋學之第二義爲詩的解釋，詩人充滿著靈感，超越普通人的理性；「靈感」原意爲被神感動，神透過詩人而講話，因此，詩人是間於人與神之間的仲介者，在某意義下，他是解釋者，解釋神的意念，詩人的詩篇道出籤的言語，幫神傳話。然而，詩的言辭每多晦澀，往往也須被解釋，如此一來，就另有解釋詩篇的人出來作詩人與普通人的仲介者，變成了「第二種的解釋者」，被柏拉圖稱之爲*Rhapsooi Doi*（Second Type of Interpreter）。茲用圖表示意如下：

詩篇的解釋者 —解釋→ 詩人的詩篇 —解釋→ 神的話語

（詩篇的解釋者→詩人的詩篇：第二種解釋；詩人的詩篇→神的話語：第一種解釋）

上古詮釋學之第三義爲「寓意式的解釋」（Allegorical Interpretation），即解釋神話故事與神話詩篇背後的涵義，企圖使神話顯得更合理。昔者，荷馬的神話故事與詩篇，表達了希臘的宗教與社會；荷馬以後的希臘人漸漸遠離了荷馬的時代背景，需要別人來解釋；後來，哲學抬頭，世人開始懷疑荷馬之神話故事之眞實性，爲了要使神話顯得更爲合理，遂產生了「寓意式的解釋」。寓意式的解釋在發展上可分爲以下的三個階段，即柏拉圖以前的寓意式的解釋、柏拉圖之以寓言來陳述哲學、和柏拉圖以後的寓意式的解釋；茲分述如下：

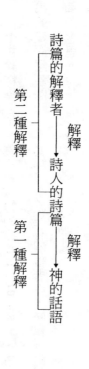

B. 柏拉圖以前的寓意式的解釋

柏拉圖出現以前，已有衆多思想家在引用寓意式的解釋，用以企圖化解神話的奧秘。此時期比較典型的作法及其倡導者可有以下的範例：

1. 以日常情理來解釋神話

有部分學者用日常情理來解釋神話故事，藉以淡化其神話色彩，以使之顯得更合乎一般常理。歐里庇得斯（Euripides, C480-406？B. C.）及其戲劇《伊翁》（*Ion*）可算是其中的表表者。該劇引述少女克瑞烏薩（Creusa）被阿波羅神（Apollo）強暴而懷孕生下一男嬰，克瑞烏薩因一時氣憤而把親生子棄置在阿波羅神廟門前，由廟內的女祭司收養，給孩子取名叫伊翁（Ion）。後來克瑞烏薩與國王蘇托斯（Xutus）結婚，婚後多年仍膝下無兒，夫妻二人只好到阿波羅神廟向神請示，在廟中與伊翁相遇，與之一見如故，最後國王收伊翁爲義子，以承繼王位。在劇情的陳述中，劇作家歐氏給觀衆暗示那眞正誘姦克瑞烏薩的人是蘇托斯而不是阿波羅，但歐氏沒有在劇中給予眞正的答案，好能同時迎合保守派與前進派的看法。

2. 以神話爲歷史及地理之神化

另有一部分學者認爲神話中蘊含某歷史片斷及某地理特徵，於是主張神話是歷史地理之神話化。採這種說法的代表人物是赫卡忒俄斯(Hecataeus of Milete)。

3. 以神話爲秘密宗教和哲學學派之隱喻或寓言

上古希臘的秘密宗教如俄耳甫斯教派（Orphism）、或哲學學派如畢達哥拉斯派（Pythagorean School），都喜歡引用象徵與隱晦之言來隱藏教義，只把眞義顯示給自己教派中人；這種作法，在希臘文化內已是一相當普遍的習慣，以致赫拉克利圖斯（Heraclitus）也會說：「大自然喜歡隱藏自己」。希臘人以此作法爲基礎，而演繹出神話爲寓言之說。此說之創始人是忒阿薦尼斯（Theagenes of Rhegium），他在公元前 525 年創立此說。這種主張又可分爲以下的三種說法：

a. 神話爲物理寓言（Physical Allegory）

忒阿薦尼斯以爲荷馬用寓意式的語言來描述神話，幷指出其中神與神之間的鬥爭，是寓意著宇宙間各元素之衝突，如地水火風間之相生相剋。

b. 神話爲心理寓言（Psychological Allegory）

忒阿薦尼斯也認爲：神是人情緒或其他心理現象的化身，以致有雅典娜（Athena）象徵著智慧、阿佛羅狄忒（Aphrodite）象徵著愛情、阿瑞斯（Ares）象徵著憤怒、厄羅斯（Eros）象徵著欲望。

c. 神話爲倫理寓言（Ethical Allegory）

犬儒學派之創始人安提色尼（Antisthenes, 444-365 ? B. C.）提倡神話爲倫理寓言之說。他舉荷馬《奧德賽》（*Odyssey*）的一段插曲爲例來作說明：奧德修斯（Odysseus）與同伴們遇到女神客耳刻（Circe），客耳刻把同伴們變爲豬，惟獨奧德修斯一人安然無恙。安提色尼便有這樣的解釋：奧德修斯象徵節制，他不被客耳刻之酒所迷、不被卡呂普索（Calypso）之美色所動；反之，他的同伴只知縱情酒色、形同禽獸，在故事中被變爲豬誠然是象徵的說法。

安提色尼與柏拉圖是同輩，同是蘇格拉底的學生；由此看來，在柏拉圖出現以前、以後、及與他同時之哲人都有引用「寓意式解釋」的傾向，柏拉圖自己則是個例外。

C. 柏拉圖之以寓言來陳述哲學

如前所述，柏拉圖（Plato, 427-347 B. C.）曾在《費特羅斯》（*Phaedrus*）對話錄中，借用老師蘇格拉底之口，來表白他自己既沒有時間、也沒有興趣去對神話作寓意式的解釋。他的看法是：當時的解釋者多半以自己的意思來附會神話，以致顯得不倫不類。例如：荷馬並沒有意思要把奧德修斯塑造爲節制的象徵；相反地，他還把奧德修斯描述爲一個狡猾投機的人，而不是什麼正人君子；此外，荷馬本來只是詩人，只是後人把他喧染成爲哲學家、科學家而已。爲此，我們不能從神話中引申出什麼科學知識，也不要以爲神話作者會刻意地用象徵事象來表達什麼哲學深義。假如神話蘊含著什麼哲理，那也只是偶有的事，並不是神話作者想刻意替哲理作任何寓言。總之，當時的解釋者只在神話的段落中找尋自己的意思，而不知道還神話的本來面目。

然而，話須說回來。柏拉圖固然不贊同我們把神話當作寓言，不過他卻往往用了很多神話式的寓言來講述自己的哲理。例如，他在《饗宴》（*Symposium*）對話錄中以神話故事形式來講論愛的意義，又在《弟邁阿斯》（*Timaens*）對話錄中以神話形式來講述創造神如何開天闢地，更在《理想國》（*Republic*）對話錄中藉穴洞的比喻來談論生命的沈淪與歸化。誠然，柏拉圖所引用的故事，嚴格地說，是「寓言」（Allegory）而不是「神話」（Myth），只不過他寫作的特性是：喜歡以類似神話故事的寓言來表達個人的理念。

D.柏拉圖以後的寓意式的解釋

柏拉圖以後，斯圖亞派（Stoics）與新柏拉圖主義者（Neo-Platonists）則雙雙返回思辯的、寓意式的解釋這條老路來面對神話，透過他們，這股風氣一直流傳下去，直到文藝復興時期才出現轉機。此時期的形態，較顯著的計有「歷史人物神化的學說」以及「語源學寓言」兩種說法：

*1.*歷史人物的神化（Euhemerism）

此種說法的創始人是歐赫墨羅斯（Euhemerus, 340-260 B. C.），而他的學說因他的人名而得名爲「歐赫墨羅斯學說」（Euhemerism）。據傳說，歐氏曾在一個不知名的荒島上發現了一座廟宇，其中有石碑指示：「烏刺諾斯」（Ouranos）、「克羅諾斯」（Kronos）、「宙斯」（Zeus）等神明之名字，誠然是當地的帝王之名號，因此歐氏作出結論說：歷史被神話化，歷史人物被神化，而神話中烏刺諾斯、克羅諾斯和宙斯的交替是古代王位交替的曲折反映。

2. 語源學寓言（Etymological Allegory）

一般的斯圖亞派哲人以爲神話中之神的名字，有語源學根據，茲舉數例以作說明：

例一：阿波羅（Apollo）是太陽神：太陽之「此起彼落」，在希臘文學爲「*apa'lloon topoon*」，故太陽神因而得名爲「阿波羅」（Apollo）。

例二：克羅諾斯（Kronos）是時間神，其名與希臘文之「時間」一辭「*Chronos*」極爲近似。克羅諾斯無情地呑噬其子女，就如同時間之「逝者如斯乎、不捨晝夜」般殘忍地侵蝕萬事萬物。

例三：豐收女神得墨忒耳（Demeter）〔拉丁文爲刻瑞斯（Ceres）〕，及其女兒豐產女神佩耳塞福涅（Persephone）〔拉丁文爲普羅塞耳皮娜（Proserpina）〕，她們的名字分別與希臘文及拉丁文之「大地」與「麥穗」有密切的近似，因而猜想這些名字有其語源學根據。

總之，從上述之典範上看，柏拉圖前後的思想家都傾向用「寓意式的解釋」來面對神話，這種風氣要到近世文藝復興期才有所改善。近世從維各（G. B. Vico）開始，眞正重視神話之爲神話的意義，漸漸開出神話哲學研究之風尚。

Ⅲ.神話哲學——神話成爲哲學研究專題

近世文藝復興期間，人文主義抬頭，哲人們開始注重對人主體的探討，也開始意會到神話表達了人精神的原初動向，於是他們領會到以下的一端道理：如果要研究人的文化，就不得不同時研究神話。思想家維各就本著這樣的一股意識而展開他的學說。

E.維各（Giambattista Vico, 1668-1744）對神話之探討

維各強調神話是人的文化的一部分。在人類文化中，語言、藝術、神話是鼎足而三地成爲文化的支柱，共同支撐起個別的文化。再者，每一個文化都會經歷以下的三個階段：即神話階段、史詩階段、與悲喜劇階段。

1.神話階段（Stage of Mythology）

神話階段又被維各稱爲「神的世紀」（Age of God）或「感性之人」（Man as Sense）的階段，爲的是多半的初級民族之歌謠都關於對神明的歌頌，詩歌在描述神話故事的當兒，處處流露出人感性上之悲喜交雜、與人對宗教境界的嚮慕。誠然，宗教的建立是文化發展的起點。最古老的文學與藝術都充滿著宗教色彩。此時的藝術與宗教沒有嚴格的分野：藝術被認爲是神聖的事物，每一宗教都孕育了美麗的宗教音樂。

2.史詩階段（Stage of Epic）

史詩階段又被稱爲「英雄世紀」（Age of Heroes）或「想像之人」（Man as Imagination）的階段。此階段的作品都反映著英雄與神之間的糾纏，也強調

了英雄與命運之間的鬥爭。例如：荷馬筆下的英雄都與神發生衝突，他們或是受神的委任而步上戰場去爭鬥、或是受制於命運的安排而從鬥爭中悲劇地消亡。在某意義下，史詩是人企圖述說自己民族始源的歷史，而一民族的起源必會與其民族英雄相提並論，一民族是透過其英雄而得以建立；爲此，若要產生民族主義，最好的方法就是爲她製造英雄，如爲瑞士頌揚威廉泰爾（William Tell）一般。

3.悲劇／喜劇階段（Stage of Tragedy/Comedy）

悲劇／喜劇階段又被稱爲「人的世紀」（Age of Man）或「理性之人」（Man as Reason）的階段。這時期又可再劃分爲兩個段落：

a.悲劇的階段

悲劇作家如沙孚克理斯（Sophocles, 495？-406？B. C.），透過戲劇來描述英雄的沒落與命運對人的捉弄，其中穿插著悲劇詩篇，由歌詠團來朗頌，好讓觀衆藉此在心靈上獲得一點淨化、提升、與慰藉。此外，戲劇院的運作，容納了各種藝術，其中包括了建築、面具設計、服飾、音樂、詩篇等事物。

b. 喜劇的階段

人到底不能老是面對人生的悲劇，有時也需要幽默地取笑一下自己，藉著諷刺的方式來調劑一下身心，於是喜劇也應運而生。喜劇作家如阿里斯多芬尼斯（Aristophanes, 448？-385？B. C.）就是其中的代表人物。喜劇本身非常接近哲學，它是在針對社會現有制度而進行批判，只不過它是用諷寓的形式出之，透過嬉笑怒罵的方式而抒發一己的判斷。喜劇中的人都是普通老百姓，而不是英雄人物，而所諷刺的內容都是一些日常的瑣事，如夫妻關係等，諷刺起來絲絲入扣，叫人不禁發出會心的微笑。蘇格拉底也就是引用諷刺作爲工具來面對詭辯家們，叫他們在被諷刺中露出其本來面目，就這樣，諷刺的藝術變成了哲學批判的強有力的工具。

總之，維各以正面的眼光來注重神話，以神話爲文化起源的第一階段，他爲後世開出了神話成爲哲學研究專題的先河。

F. 維各以後的各派神話哲學

維各以後，研究神話哲學的名家輩出，各有成就，比較重要的學者計有以下的行列：

1. 謝林（Friedrich Wilhelm Joseph von Schelling, 1775-1854）——揚棄神話爲「寓意式的解釋」的思路，進而從象徵表達上看神話。代表作爲《神話哲學》〔*Philosophie der Mythologie*, in *Samtliche Werke.*（Stuttgart: Verlag, 1856-1861）〕。

2. 佛洛伊德（Sigmund Freud, 1856-1939）——主張個人的潛意識能製造象徵，并且表現於夢境及神話之中。著有《夢的解釋》〔*Interpretation of Dreams.*（London: Hogarth Press, reprinted 1958）〕。

3. 夫拉才（James George Frazer, 1854-1941）——從進化眼光分析神話及象徵。代表作是《金枝》〔*Golden Bough.*（New York: MacMillan, 1922）〕。

4. 卡西勒（Ernst Cassirer, 1874-1945）——致力於追問人如何意識神話世界，因而提出「神話意識」的理論。代表作是《象徵形式哲學》卷二〔*Philosophy of Symbolic Forms, Volume 2: Mythical Thought.*（New Haven：Yale Univ. Press, 1955）〕。

5.榮格（Carl Gustav Jung, 1875-1961）——主張個人潛意識是植根於集體潛意識，集體潛意識蘊含原型，個人潛意識參照原型來製造象徵，表達爲神話。重要作品有《原型與集體潛意識》〔*Archetypes and the Collective Unconscious.*（Princeton: Princeton Univ. Press, 2nd edition, 1968）〕。

6.甘培爾（Joseph Campbell, 1904-1987）——兼採哲學、心理學、及比較宗教學立場來研究神話。理論近似榮格。代表作爲《神的面具》四卷〔*Masks of God*, 4 Vo1s.（Harmondsworth: Pengnin Books, veprinted 1982）〕。

7.艾良德（Mircea Eliade, 1907-1986）——從比較宗教學立場看神話，尤對「神話時間」有深刻的反省。重要著作有《永恆循環之神話》〔*Myth of the Eternal Return.*（New York: Harper, 1959）〕。

8.雷味・史特勞斯（Claude Lévi-Strauss, 1908-）——專門研究神話的結構，爲結構主義大師之一。重要作品有《結構人類學》〔*Structural Anthropology.*（London: Allen Lane the Penguin Press, 1963）〕。

9.呂格爾（Paul Ricoeur, 1913-）——以詮釋學方法來研究神話。重要著作爲

《惡的象徵》〔*Symbolism of Evil.*（Boston: Beacon Press, 1967）〕。

上述各家理論的來龍去脈，將會在下文先後介紹。

第一章　追溯神話的最基本因素

我們既已在導論裏面對神話的意義有了初步的體會，於此，我們可進一步地問一個比較澈底的問題：什麼是神話之所以爲神話的最基本因素？換句話說，我們現在的目標在企圖找尋一個爲所有的神話都擁有的最基本因素。誠然，在近代的神話學研究當中，學者們曾先後提出上述相同的問題，嘗試找出那構成神話之所以爲神話的最基本因素。他們的意見，大致可以分爲以下的四大類：

Ⅰ.從「內容」（Content）方面找尋神話的最基本因素

Ⅱ.從「形式」（Form）方面找尋神話的最基本因素

Ⅲ.從人的「主體」（Subject）上找尋神話的最基本因素

Ⅳ.從「構成條件」（Constitutive Condition）上把握神話的最基本因素

茲分別在下文的四節內一一介紹：

第一節　從內容方面找尋神話的最基本因素

有部分學者從神話故事的「內容」（Content）上作探索，希望從中找到一些共通的內容，爲所有的神話所共同擁有。這些學者發覺：大部分的神話都與宗教拉上關係，它們如果不是蘊藏著湛深的宗教體驗，也至少會被應用在宗教禮儀上而被朗頌或紀念。於是，這些學者就把這一事實普遍化地看待，進而說：在故事內容上看，每一神話的最基本因素就是宗教因素；那就是說，神話故事在講述宗教、神聖、神明的事，幷且連繫著宗教禮儀（Rituals）。

A.神話在內容上講述神明

十九世紀的德國哲人謝林（Friedrich Wilhelm von Schelling, 1775-1854）就是這派說法的代表人物。他主張說：神話在內容的表達上、基本上是在講述神明的事象、以及與宗教經驗有關的故事。較詳細地說，謝林的神話哲學蘊含著兩條主要思路：其一是主體反省的路線，從人的主體意識上體悟到人類保有著「神話意識」（Mythic Consciousness）；其二是客體反省的路線，主張絕對的神透過神話的敘事而展現自己。

1. 主體反省的路線

謝林在探討人的主體意識時，獲得了以下的心得：

a. 神話沒有作者——一個民族的神話，就恰如其語言一般，不是由某一個人、或某一組人所創造，而是自動自發地出現在民族文化的心靈之中，被人民所供奉、信仰、幷從神話的情節當中獲得深刻的體驗，流傳下來而爲敘事詩篇或故事演繹。

b. 神話決定一個民族的特色與命運——一個民族的神話，不是被其歷史所決定；相反地，一個民族的歷史，是被其神話所決定。最典型的例子是希伯來神話：整個希伯來歷史就是被其神話所薰陶，以色列子民深深地被神話所蘊含的精神所引導，而開出了一個以神爲中心的民族發展史。同樣地，一個民族的特色，是引發自這個民族的神話。例如：希臘神話蘊含希臘民族的特色；與其說希臘民族創造了希臘神話，不如說希臘神話創造了希臘民族，幷且決定了希臘民族的特色。

c.人心靈有製造神話的能力、稱作「神話意識」——不論任何民族，都有其屬於自己的神話，原因是人的心靈本來就保有製造神話的能力，這種能力可被稱爲「神話意識」，人類透過它而引發出神話與象徵的事象（後來卡西勒充分地擴充了這一說法，且待下文分解）。

2.客體反省的路線

神話的孕育，除了有其主體的神話意識作依據外，尚有其客體因素的一面。那就是說，人主體之所以有神話的表象，是因爲人的主體相應了一客體的、外來的力量所推動與協助，這一股客體的動力因素是至高之神自己，祂透過對世人的吸引與感召，而開出了神話發展的過程。爲謝林而言，神話發展的過程（Mythological Process）無異是神的自我呈顯的過程（Theogonic Process）；絕對的神，透過人的意識而達到自我的表達與自我的認識。神透過神話而自我呈顯的過程是一個辯證的歷程，這一歷程分爲三個主要階段：

第一階段：「神之在其自己」的階段——永恆常在的神，在其自己本是圓滿完缺的，但祂願意在人類的歷史中把自己啓示出來；爲此，祂在人類的心靈中播下了一股「宗教意識」（Religious Consciousness），叫人心靈不對世間現有的美善感到絕對地滿足，進而舉心向上、追尋那超越而圓滿的境界。人心這一股超越的嚮往，叫人意識到自己的心靈在指向幷渴求一超越境界，只是人不知道如何把這一個超越的上天述說出來。人類原初歷史中的此一階段被謝林稱爲「神之在其自己」（Being-in-Himself）的階段，用以寓意著神內在於心靈歷史而意識到自己，但尙未找出門徑來表達自己；因此，這一時期也可被稱爲「相對一神論」（Relative Monotheism）的時期，寓意著一個唯一超越的神明境界等待啓示自己，但尙未絕對地把自己透顯出來的時期。

然而，人的「宗教意識」在推動著人類去企圖表達出神明的境界，於是「宗教意識」被演繹爲一股「神話意識」（Mythic Consciousness），透過神話象徵來把超越境界表達出來，因而形成了第二階段，稱作「神跳出自己」的階段。

第二階段：「神跳出自己」的階段——神話在人的宗教嚮往中流露出來，而出現了神話的宗教。謝林認爲這是神啓示自己的必經階段；人心靈保有神話意識，不得不引發起神話的想像，神乃透過人的神話想像而表達自己。神話式的表達是一種造形的、象徵的表達（Figurative Symbolic Expression），神藉著人的象徵表達而把自己投射在不同的神的形象上，而形成「多神論」（Polytheism）的表象。誠然，「多神論」不一定與「一神論」相背反，它可以是一神論的意象式的表達。多神論式的神話表達也許可算是人對神的初步、不完整、有缺憾的表達；神話階段等於是有理說不清的階段，即眞理蘊含在神話敘事中而被象徵出來，有待進一步的澄清。然而，神話的出現，寓意著神跳出自己（Being-Outside-Himself）、啓示自己的第一步，等待下一階段的澄清，好能過渡到「啓示宗教」（Revealed Religion），即基督宗教（Christianity）的出現，到時神可以藉著啓示而自己認識自己爲絕對唯一的眞神。

第三階段：「神之爲其自己」的階段——人透過多神論的神話而逐漸意識到神的絕對唯一性，再進而向祂敬拜讚頌。此時，人類已進化到「絕對一神論」（Absolute Monotheism）的階段，此時期被謝林稱爲「神之爲其自己」（Being-With-Himself）的時期，即神透過人而意識到自己的唯一性，神在人意識內意識到自己爲唯一至高之上主。此時，神藉聖經的啓示而把自己透顯出來，而形成了啓示的宗教。謝林心目中的啓示宗教是基督宗教。

廣義地說，上述的三個階段是一整體過程，總稱爲啓示過程；但狹義地說，第三階段是狹義的啓示階段：神自由地自己啓示了自己，較圓滿地說出了自己的內涵，較充分地剖析了神話中所蘊含的眞理。爲此，「神話」是「啓示」的預期，「啓示宗教」是「神話」的圓滿。

謝林這套理論的靈感，是部分地來自克瑞烏薩（Georg Creuzer）的《初級民族的象徵與神話》（*Symbolik und Mythologie der alter Volker*, 1810-23）這份著作；謝林認爲所有的神話主要是有關神的理論與歷史；再者，爲謝林而言，人對神的嚮往與意識，是引發出所有神話玄思的引導線：人是企圖透過神話的意象而象徵著神的臨現與威能，有待啓示宗教的進一步闡釋。謝林的這一套說法，被部分的人種學家（Ethnologists）所接受，例如：梁安德（Andrew Lang）和席米特（Wilhelm Schmidt）等人，就企圖復興謝林的理論呢！

B. 神話連繫宗教禮儀

另有一部分學者主張：神話與宗教禮儀有著極密切的關聯。他們的說法雖然與謝林的學說不盡相同，但至少在以下的一個論點上與謝林的想法是一致的：他們都認爲神話在內容上都與宗教掛鉤，如果神話不直接談論宗教境界，也至少會被放置在宗教禮儀中而被體悟。這派說法的代表人有馬連諾夫斯基（Bronislaw Malinowski）和黎駒（Edmund Leach）。馬連諾夫斯基透過其名著《初級民族心理學中的神話》〔*Myth in Primitive Psychology.*（London, 1926）.〕以及《西太平洋的阿耳戈諸英雄》〔*Argonauts of the Western Pacific.*（London, 1922）〕等書而向世人表示：只有當那些神聖的故事連結著禮儀時，才可被稱爲神話。黎駒也有相同的語調，他認爲神話與禮儀彼此涵蘊，誠然是一體兩面，神話以言說來敘述禮儀的內涵，禮儀以行動來實踐神話的話語；關於這論點，我們可參考其名著《緬甸高地的政治系統》〔*Political Systems of Highland Burma.*（London, 1954）, p.13.〕。

較具體地說，「神話連繫禮儀」這一說法，可再被劃分爲兩種不同的論調：

其一是禮儀先於神話，其二是神話先於禮儀。

1. 禮儀先於神話——有部分學者如夫拉才（James George Frazer）、佛洛依德（Sigmund Freud）、和卡西勒（Ernst Cassirer）等主張：人首先有魔術的行動與禮儀，隨著產生神話來解釋禮儀，以使禮儀合法化。

2. 神話先於禮儀——另一部分學者如王德李佑夫（Van der Leeuw）與艾良德（Mircea Eliade）等則主張：神話傳說的起源先於禮儀，禮儀只是把神話事跡付諸實行而已，用以複製神話所蘊含的故事、精神與威能。

於此，我們也許須承認以下的一個事實：當神話結合了禮儀的時候，它能產生很大的力量，可以使參與者的生命獲得更新、歸化、或提升，甚至引致神秘經驗與奇跡。例如：初級民族的巫師爲產婦朗頌神話及施行禮儀可使難產的悲劇逆轉爲順產的喜樂；此外，宗教的入門禮儀或婚葬禮儀等的神話頌讀也可引致參與者在心靈上的調整與超升，獲致靈性上的開發與造就。

然而，話須說回來，很多神話固然與禮儀拉上關係，但我們仍然可以找到很多其他缺乏禮儀的神話。當代著名的結構主義者雷味·史特勞斯（Claude Lévi-

Strauss）就針對神話與禮儀的關聯而劃分了下列的各種可能性：

(1)神話缺乏禮儀（Myth without Ritual）。

(2)禮儀缺乏神話（Ritual without Myth）。

(3)神話連繫禮儀（Myth with Ritual）。

(4)禮儀連繫神話（Ritual with Myth）。

(5)神話敘事次序在禮儀中被倒置（Order of Content of Myth Reversed in Ritual）。

總之，神話與禮儀之間的連繫是多樣化的，我們不能光用一種形式而以偏概全。

C.綜合評述

於此，我們可以對神話講述宗教并連接禮儀這類說法作以下的一些評述：

首先，無可否認，宗教的確充滿著有關神明的神話，但反過來看，神話卻不一定全部都在闡釋宗教或講述神明。例如：佩耳修斯（Perseus）的故事和俄狄浦斯（Oedipus）的悲劇主要在乎講述人間事跡；再者，中東神話基爾加梅西的史詩（Gilgamesh Epic）也主要在探討人生命的軟弱與死亡；此外，南美印第安人的神話也多談文化起源、大自然的起源，它們的闡釋對象也主要是人與動物。如此看來，神話闡釋宗教與神明這一說法應該被修正。

其次，有很多神話誠然是與禮儀有關聯，但我們總不能說所有的神話都根源自禮儀，也不能說一切神話都與禮儀掛鉤，那些缺乏禮儀的神話比比皆是，多不勝數。爲此，神話必然連結禮儀這一說法也有被修正的需要。

綜合上述的評語，我們所應提出的觀點是——沒有一些內容是爲所有神話都擁有的，我們也無從站在內容的角度來找尋每一神話都必然擁有的內容。換句話說，神話學學者是不能單單透過研究神話的內容而能指出那構成神話之所以爲神話的最基本因素。

第二節　從形式方面找尋神話的最基本因素

如果我們記取著上一節的教訓：認定我們不能單單透過研究神話的「內容」（Content）而能指出那構成神話之所以爲神話的最基本因素，那麼，我們可否從神話的「形式」（Form）上找出神話的核心因素？有部分學者就是往著這個方向來作探討，而提出主張說：各神話故事的結構，是遵循著一特定的形式來演繹，以至我們可以在不同的神話中朗現出相同的形式結構。這一派說法的代表人物是雷味・史特勞斯（Claude Lévi-Strauss）。

雷味・史特勞斯多年來致力研究南美印第安人神話，發現到每一個神話都有共同的結構，即它們都包含著一些互相對立的概念，而神話在故事的推演上是企圖化解它們之間的對立衝突。於是，他就在其名著《結構人類學》〔*Structural Anthropology*.（London: Allen Lane, reprinted 1969），p. 229〕一書中把他的發現普遍化，進一步地主張：神話的宗旨是在乎提供一個「邏輯模式」（logical model），用以克服「對立」（Contradiction）。雷味・史特勞斯採用了很多南美印第安人神話來引證他的理論，但他爲了證明歐洲文化的神話也擁有同樣的結構，他也在《結構人類學》一書中舉出俄狄浦斯（Oedipus）神話來作爲例子，用以支持他上述的論點。茲按雷味·史特勞斯的思路分析如下：

A.俄狄浦斯神話的內容

俄狄浦斯及其家族的故事可分爲三個重要段落：其一是俄狄浦斯之祖先卡德摩斯（Cadmus）之事跡，其二是俄狄浦斯本人的遭遇，其三是俄狄浦斯之子女們的悲劇。

1. 俄狄浦斯之祖先——卡德摩斯

當少女歐羅巴（Europa）被宙斯神（Zeus）化身爲白牛而拐走了以後，其兄卡德摩斯（Cadmus）出外找尋她。不過，阿波羅神（Apollo）勸告他不必費神找尋其妹，相反地，他應該在一母牛休息之地上爲自己建立一個城市，這城市後來被稱爲忒拜城（Thebes）。然而，在建城以前，他須把附近的泉龍殺死。雅典娜神（Athena）并提議他把被殺之龍的牙齒當作種子般地撒在地上：地上馬上產生了一隊鬥士名斯巴提人（Spartoi），（意即「種植的」）；他們一出現就彼此互鬥，最後只剩下五人，卡氏即邀請他們一起建立忒拜城，從此以後，卡氏便成忒拜城之王。他生了波呂多羅斯（Polydorus），波呂多羅斯生了一跛子名拉布達科斯（Labdacus），拉布達科斯又生了那慣用左手的拉伊俄斯（Laius），拉伊俄斯就是俄狄浦斯（Oedipus）之父。

2. 俄狄浦斯

俄狄浦斯剛出生時即有一預言說他將來會殺死其父親而娶其母親。其父非常不高興，就把嬰兒的雙足綑縛，用釘子釘住，棄置在山中；嬰孩被牧羊人所拾，交給哥林多城（Corinth）之王波呂玻斯（Polybus），國王收他爲義子，并給他起名叫俄狄浦斯（Oedipus），意即「雙足腫脹的人」。俄狄浦斯長大後出外流浪，路上遇到拉伊俄斯，二人因搶路而發生了爭吵。俄狄浦斯不認識對方是他的親生父親，就把他殺死了。接著俄狄浦斯來到忒拜，正值一女人面獅身的怪物斯芬克斯（Sphinx）在城附近作祟，向進出此城的行人說出一個謎語，凡不能猜中者都被她吞食。謎語是：那個早上四足，午間二足，黃昏三足的存在物是什麼?俄狄浦斯猜中了謎底是「人」。斯芬克斯氣憤而跳崖自殺。忒拜城的人就擁戴俄狄浦斯爲王，而寡后伊俄卡斯塔（Jocasta）也下嫁給他；這樣，他眞的實現了殺父娶母的預言。後來國內發生了瘟疫，預言家泰利西斯（Teiresias）指出其中的原因是由於國王殺父娶母以致引起上天的降罰。王后傷心之餘而自殺，俄狄浦斯也弄盲了雙目，流徙於外，最後死於科隆諾斯（Colonus），臨終時有其女安提戈涅（Antigone）侍候在旁。

3.俄狄浦斯之兒女

俄狄浦斯生有二子二女。長子是波呂尼刻斯（Polynices），次子是厄忒俄克勒斯（Eteocles），二女分別是安提戈涅（Antigone）和伊斯墨涅（Ismene）。

俄狄浦斯離開忒拜城以後，其二子開始爭奪王位，次子厄忒俄克勒斯成功繼位而把其兄波呂尼刻斯放逐。波呂尼刻斯於帶領兵馬圍攻忒拜城。苦戰當中，兄弟二人雙雙陣亡。舅舅克瑞翁（Creon）繼位爲王，他爲了報復起見下令不准波呂尼刻斯及其他攻城者之屍體下葬，好讓他們的靈魂成爲無主孤魂而不能過渡到亡者之彼岸，新王幷且下禁令說：凡違反此命令而私自埋葬此等人者一律處死。

安提戈涅不忍心眼見其兄弟波呂尼刻斯靈魂不得安息，遂不惜抗命而把他的屍體埋葬了，自己甘心地接受舅舅的處決而慷慨赴義。

B. 俄狄浦斯神話佈局的結構

雷味・史特勞斯從上述俄狄浦斯及其家族的神話中體悟出其中的結構，并且把所體悟出來的結構藉著下列的圖表而刻劃出來：

(I) 過份誇張血親關係 (Overrating of Blood Relation)	(II) 過份壓抑血親關係 (Underrating of Blood Relation)	(III) 否定人的土著根源 (Denial of Man's Autochtonous Origin)	(IV) 肯定人的土著根源 (Autochtonous Origin of Man)
1. 卡德摩斯找尋其妹歐羅巴 (Camdus Seeks his Sister Europa)	3. 斯巴提人自相殘殺 (The Spartoi Kill one another)	2. 卡德摩斯殺死泉龍 (Cadmus Kills the Dragon)	4. 拉布達科斯為跛子（?）(Labdacus = Lame (?))
	6. 俄狄浦斯弒其父拉伊俄斯 (Oedipus Kills his Father, Laius)	7. 俄狄浦斯殺斯芬克斯 (Oedipus Kills the Sphinx)	5. 拉伊俄斯傾向用左手（?）(Laius = Left-Sided(?))
			8. 俄狄浦斯雙足腫脹（?）(Oedipus = Swollen-footed(?))
9. 俄狄浦斯娶其母伊俄卡斯塔 (Oedipus Marries his Mother, Jocasta)	10. 厄忒俄克勒斯殺其兄波呂尼刻斯 (Eteocles Kills his Brother, Polynices)		
11. 安提戈涅不顧禁令而埋葬其兄弟波呂尼刻斯 (Antigone Buries her brother, Polynices, despite Prohibition)			

（上述圖表出現在英譯本《結構人類學》第214頁。）

雷味・史特勞斯對上述的圖表作了以下的提示：

(1)我們若只想跟隨故事的情節，則不必理會圖表之四個項目的分隔，我們只須按著數目字而順次閱讀即可。此乃神話故事之「貫時性角度」（Diachronic Dimension）。

(2)但若想了解這神話的結構，則須一一分別看圖表的四個項目，每一項目是一個單位，各有其獨特的涵義。此乃神話的「同步性角度」（Synchronic Dimension）。

(3)圖表中的第一項目與第二項目彼此對立。第三項目又與第四項目彼此對立。四個項目合起來共同形成「兩組二分法的對立形式」（Two Sets of Binary Opposition）。而俄狄浦斯神話就是企圖化解這兩組對立的衝突。

(4)神話的二分法對立形式，正好反映出人心靈的運作模式：即人心靈企圖製造「二分法對立式」，之後再企圖把它化解。

(5)爲此，神話的最基本因素不在於它的內容，而在於其內容的結構；換言之，神話的最基本意義在乎爲其故事內容建構一個二分法對立式的架構，再企圖進行化解。

(6)當人們停止製造神話之後，他們開始寫那種充滿對比的「賦格」（Fugue）形式的音樂。巴哈的音樂是其中的典型。

(7)再者，雷味·史特勞斯認爲：即使一個神話故事經過演變而有不同的傳統與版本（Versions），它的結構始終是一樣的，不會因故事情節的改動而受到影響。例如：按荷馬早期的敘述，是沒有伊俄卡斯塔王后的自殺與俄狄浦斯的刺盲雙目，此二情節是屬後來演繹的成果；然而後期的演變并沒有改變這神話的結構；伊后的自殺是屬第三項目的事：她透過自我毀滅而造就了自我決定自己生命的自主性；至於俄狄浦斯盲目一事，則是屬於第四項目的事理：俄氏身體上的殘廢，徒然加添了另一個肉身受限制的例子。

總而言之，上述的提示可被綜合爲下列的重點：人心靈有傾向製造二分法對立并加以化解；人的這種傾向表現在神話的結構中；神話之提供二分法對立并企圖化解其中的衝突這樣的一股傾向，不因情節的改動而受到影響。換言之，不同的版本仍然保留著同樣的結構。這是雷味·史特勞斯研究神話結構的心得。

C.評語

雷味・史特勞斯對俄狄浦斯神話的結構分析，曾經受到很多人的批評，他們的評語可被綜合在以下的幾個重點之中：

1. 二分法對立式的例子不全合法

評論家脫爾諾（Terrence Turner）認爲雷味・史特勞斯所舉的例子并不完全合法。例如：卡德摩斯之找尋其妹歐羅巴，以及安提戈涅之埋葬其兄波多尼刻斯二事，都只是合乎常理的行動而已，他們只是在履行自己對親人所應履行的正常義務而已。關於安提戈涅之舉動，我們應該說：是新王克瑞爾壓抑了血親關係，而不是安提戈涅誇張了血親的情誼。此外，談及俄狄浦斯與其母親的亂倫，那只能算是破壞性地混合了兩種不協調的關係而已，即其中只混合了母子血親與夫妻關係而已，這不能算是誇張了血親的關係。再者，至於土著與否的二分法，我們也可以質疑：究竟俄狄浦斯的腳踵是否可表示他是受土著的限制？（上述評語出自 Terrence Turner, "Narrative Structure and Mythopoesis: A Critiaque and Reformulation of the Structuralist Concepts of Myth, Narrative and Poetics", in *Arethusa* 10 (1977), p.109）。〕

脫爾諾的批評是否中肯，這是另一回事，他的評論至少叫我們懷疑雷味・史特勞斯的例子是否爲眞正的對立衝突，是否只是雷氏自己的牽強附會而已。爲此，著名的人類學家如黎駒（Edmund Leach）和杜格拉斯（Mary Douglas）等人會批評說：雷味・史特勞斯傾向於用他手上的材料來遷就他的思考架構，致使讀者無法分清楚那所謂二分法的對立形式，究竟是否眞的存在於神話中、抑或那只是雷味・史特勞斯一己的構想而已。

2. 忽略神話的進展式與非進展式的分辨

我們可以分別用兩種不同的研究心態來面對同一篇神話故事，其一是：我可以只理會一篇故事的結構、形式、體裁，而不考慮其中故事情節上的發展；其二是：我可以兼顧一故事在情節上的發展，以觀摩其中的起、承、轉、合，幷衡量其中佈局的安排與技巧。評論家 T. K. Seung 就認爲：雷味・史特勞斯基本上是本著上述的第一種心態來欣賞神話，以致他忽視了神話故事在佈局上的演繹。如果他能兼顧第二種心態的研究，他也許不難發現：神話故事在故事情節的推演上可分為兩個模式，即「進展式的」（Progressional）與「非進展式的」（Non - Progressional）。

所謂「進展式的」推演，就是指故事中的情節是環環相扣、循序漸進地發展，而邁向一個或多個高潮。俄狄浦斯神話就是屬於這一類型的體裁。

至於「非進展式的」敘述，乃指一神話的各個情節彼此連貫性不大，其中每一件事件差不多都各自獨立、自給自足，為此，我們在研究上可以忽略其情節佈局的演繹。部分的印第安神話就是屬於這一類型的形式。

雷味・史特勞斯因慣常處理印第安神話，而忽略了故事的情節會有上述的分辨，以致他一視同仁地用他慣常的研究心態來面對希臘的神話。他沒有想到俄狄浦斯的故事是進展式的神話，其中佈局的安排是不容被忽略的，否則我們便完全抹煞了俄狄浦斯神話的精髓。我們也許可以說：進展式的敘事是希臘神話的一個顯著特色，有別於印第安初級民族神話的形式；我們如果能兼顧希臘神話那進展式的演繹，就自然會發覺到：它們不能完全被規限在二分法對立形式的範疇來被評鑑。〔參閱 T. K. Seung, *Structuralism and Hermeneutics.* (New York:

Columbia Univ. Press, 1982), p.51）。

3.二分法對立式上忽略簡式對立與複式對立之分辨

再者，雷味・史特勞斯也未能指出俄狄浦斯神話的二分法對立是屬「複式對立」模式，有別於初級神話的「簡式對立」。「複式對立」指被對立的項目蘊含雙重意義，「簡式對立」指被對立之項目只含單一意義。我們只須從下列的例子中作體味，則可看出端倪：

a.首先，卡德摩斯（Cadmus）離鄉別井，而在他鄉建立一個新的家室；這樣，他成了原鄉的外地人，而在他鄉中成了本地人；他遠離了原鄉的親戚而與斯巴提人（Spartoi）建立新的親密關係。舊的關係斷絕了，新的關係卻奠立起來。爲此，「親屬比對異鄉人」（Kinsfolk Vs. Stranger）的簡式對立，在卡德摩斯的身上呈現出複式的對比；他在原鄉與忒拜城（Thebes）兩地中分別享有兩重身份，如下圖所示：

Cadmus在
- 原　鄉＝
  - 本地人
  - 異鄉人
- Thebes＝
  - 異鄉人
  - 本地人

b.至於俄狄浦斯本人，他生於忒拜，長於哥林多（Corinth）；從出生的立場上說，他是忒拜的本地人，是哥林多的外地人，但從生長的立場上說，他則是哥林多的本地人、是忒拜的外地人。爲此，忒拜與哥林多，爲俄狄浦斯而言，都分別蘊含雙重意義，如圖表所示：

Oedipus
- Thebes＝
  - 本鄉
  - 外地
- Corinth＝
  - 外地
  - 本鄉

此外，當俄狄浦斯分別面對拉伊俄斯（Laius）與波呂玻斯（Polybus）

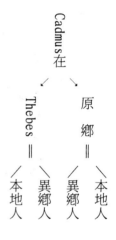

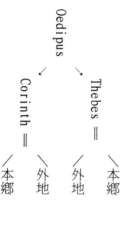

時，拉伊俄斯在血緣上是他的父親，但在人際關係上則是陌路人；反之，波呂玻斯在血緣上是外人，但在人際關係上卻是他的養父。爲此，上述二人都分別在不同角度上是父親與陌路人，如圖所示：

Oedipus面對
→ Laius ＝ ╲父親 ╱陌路人
→ Polybus ＝ ╲陌路人 ╱父親

c.談及安提戈涅（Antigone）埋葬波呂尼刻斯（Polynices）這抉擇，她對其兄長有骨肉親情，按照倫理的立場言，理應埋葬自己的兄弟，但她對其舅舅克瑞翁（Creon）卻有政治責任，舅舅既是國王，她理應遵守國王的命令。爲此，安提戈涅的舉動則呈現兩面的評價，如圖所示：

Antigone ——面對——→ Polynices ＝ ╲倫理立場—應該埋葬 ╱政治立場—不應埋葬

安提戈涅面對舅舅克瑞翁時，克瑞翁本是外族人，他只不過透過安提戈涅之母而成爲親戚而已；但另一方面，克瑞翁并不全然是外人，他與安提戈涅住在同一個宮殿之中，且是本城的國王，這樣，克瑞翁本人也呈現其雙重身份，如圖示：

Antigone —面對→ Creon ＝ ＼外族人
／本族國王

d. 至於波呂尼刻斯（Polynices）本人，他本是忒拜的本地人，但卻被流放於外，後來還成了本城的入侵者，爲此，單從忒拜城的觀點看波呂尼刻斯，他已同時擁有兩重身份，如圖所示：

Thebes —之於→ Polynices ＝ ＼本鄉人
／入侵者

從上述例子看來，俄狄浦斯神話中的對立多半是屬複式對立模式。雷味・史特勞斯的結構分析未能強調簡式對立與複式對立之分別；誠然，此二者在結構上并不一樣，不應混爲一談。〔上述評語採自 T. K. Seung, *Structuralism and Hermeneutics*, p.53〕。總之，簡式對立模式或許適合南美印第安人神話，但不適用於希臘神話。

*4.*有關不同版本之結構

雷味・史特勞斯曾在《結構人類學》（英譯本）第二一七頁表示：一個神話故事的內容可以經歷演繹而有增刪轉變，但在不同的演繹版本中，其結構始終不變；換句話說，按雷氏之意：不同演繹版本有同一結構。然而，這一論點卻遭到很多學者的異議，例如：一位神話學專家凱克（G. S. Kirk）就在其名著《神話》〔*Myth*.(Cambridge: Cambridge Univ. Press, reprinted 1978), pp.49-50〕中表白：至少希臘神話在形式結構上，會因故事的改動與演變而產生極大的變更。以凱克的意見爲基礎，我們可以說：版本改變，直接影響結構。

*5.*神話的意義是否只在其結構？

雷味・史特勞斯對神話結構的分析，給人一個印象是：他過份強調神話的結構，使人以爲神話的基本意義是維繫著它的結構。然而，一般學者都承認：神話膾炙人口的地方并不在乎其形式結構，而在於蘊含動人的故事。換言之，其基本涵義是維繫著神話故事的內容，而非其結構。這也是凱克對雷氏的評判。（參閱 G. S. Kirk, *Myth*, p.71）。

綜合上述的評語，雷氏對希臘神話的結構分析并不算成功，他或許提出了一些有趣的對比，但它們并不眞正顯示出希臘神話的基本結構。爲此，呂格爾在其名著《解釋的衝突》〔Paul Ricoeur, *Conflict of Interpretations.* (Evanston: N-W Univ., 1974) pp.40-42〕中表示：雷味・史特勞斯的結構分析，不適用於南美印第安文化以外的神話，至少不能應用在希伯來、埃及、希臘、波斯、印度等文化的神話。

於此，我們借助雷味・史特勞斯的努力與貢獻爲實例，而作出以下的結論：神話并非只有一種結構，也并非只按一種規則而演繹其故事。雷氏的結構分析，其價值在於強調神話有它的結構，有些神話甚至顯示二分法的對立式。但他無法提出充分的證據去把其理論絕對普遍化，也無法自圓其說地主張神話的意義在乎緩和二分法對立的張力。

最後，我們所要強調的一點是——若要找出神話的最基本因素，我們不應光是從其結構方面追尋。

第三節　從人的主體上找尋神話的最基本因素

有部分學者致力從人主體的認知功能中，推測出人創造神話玄思的能力，藉此企圖指出：神話的最基本因素，就是那潛藏在人心靈內的一股孕育神話的「神話意識」（Mythical Consciousness）。循著這思路來作反省的學者，其中較著名的計有卡西勒（Ernst Cassirer）、佛洛伊德（Sigmund Freud）、榮格（Carl Gustav Jung）等人，茲分述他們的理論如下：

第一小節　卡西勒與神話意識

卡西勒（E. Cassirer）是新康德派的中堅份子，以康德（Immanuel Kant）

的學說作爲基礎而演繹一套神話哲學。若要交待卡西勒的理論，須先簡述他所依據的康德的一些論點：

按康德《純粹理性批判》（*Critique of Pure Reason*）一書的說法，外物須適應人主體的「認知結構」，始能被人所認知；而人「認知結構」的其中兩個重要層面包括「感性」（Sensibility）與「悟性」（Understanding）二者；「感性」提供「時空架構」，外物須被「時空架構」所過濾，始能被主體所經驗；至於被經驗的與件，又須再被「悟性」所提供的「十二範疇」（12 Categories）所整理，始能被人所理解；而人透過自己所提供的「時空架構」與「十二範疇」而把握到的境界只是事物的「現象」（Phenomenon）而已，如圖表所示：

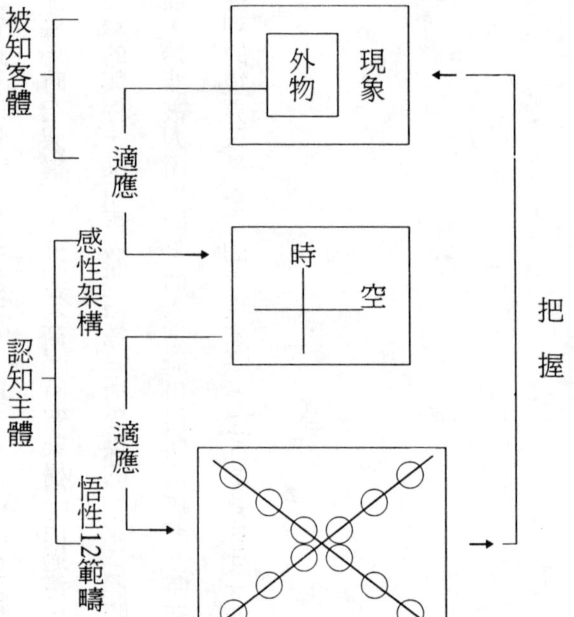

卡西勒就以康德上述的理論作爲依據而進一步追問：人如何對神話世界有所認知？換言之，什麼是孕育神話的意識功能？爲了要解答這問題，卡西勒遂首先從人的悟性層面上找尋那孕育神話的功能：

A.悟性層面上的功能

康德悟性範疇共分「量」（Quantity）、「性質」（Quality）、「關係」（Relation）、「樣態」（Modality）四大類，每一大類各統攝三個範疇，共成十二個範疇，卡西勒就在其《象徵形式哲學，卷二》〔*Philosophy of Symbolic Forms*, Vol.2. (New Haven: Yale Univ. Press, 1955)〕一書中，分別對這四大類範疇作如下的構想：

第一類：「量」（Quantity）範疇

康德的「量」範疇統攝a.單一（Unity）、b.殊多（Plurality）、c.全體（Totality）三個範疇。人透過第一類範疇而對事物產生一與多、整體與部分的概念。

按卡西勒的演繹（*Symbolic Forms*, II, p. 64），這一類範疇可分別應用在科學推理與神話玄思上，而產生不同的效果：

科學推理——這一類範疇，若應用在科學的認知上，則人會明確地分辨一與多、整體與其部分。

神話玄思——這一類範疇，若應用在神話的構想中，則人不會著意地把整體（Whole）與其部分（Parts）作嚴格的區分；相反地，在神話玄思的帶動下，所得到的效果是：

部分 不單代表 → 整體

部分 就是 → 整體

整體 等於 → 它的部分

例一：個人的本質（Essence）已被認爲是具體而微地蘊藏在他的一根頭髮內，巫師可以在拾到你的一根頭髮而在其上施法，把你整個人置於死地。

例二：整個初級民族的每一個體，都被認爲是隸屬於他的圖騰祖先（Totemic Ancestor）；更好說：一族中的個人等於他的圖騰；圖騰等於那民族，也等同於那民族中的個體。爲此，北巴西的土魯邁族（Trumais），族中每人自認是水類動物（Aquatic Animal）；波魯魯（Bororos）族人則自稱爲紅鸚鵡（Red Parrots）。

第二類：「性質」（Quality）範疇

康德的「性質」範疇統攝 a.實有（Reality）、b.虛無（Negation）、c.限制（Limitation）三個範疇，共同維繫著人對實體的肯定，并容許人分辨實體與虛無、實體與屬性、實體與依附體。

按卡西勒的演繹（*Symbolic Forms*, II, p. 65），這一類範疇可分別應用在科學推理與神話玄思上，而產生不同效果：

科學推理——在科學思維的應用下，人可藉著第二類範疇而分辨實有與虛無、實體與屬性、實體與其依附體的分別。

神話玄思——但當第二類範疇被應用在神話的思考中，則人會對事物的實體與其屬性混爲一談，不免強作嚴格的分野；換言之，在神話玄思下：

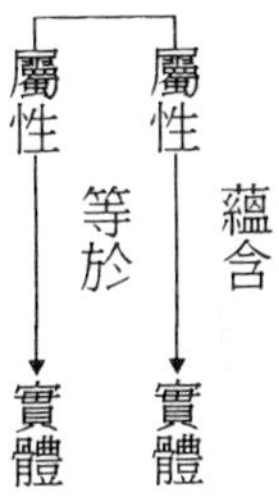

屬性不只是事物的某一角度，而且是在某一角度上表達幷蘊含整個事物的整體。

例如：在神話眼光下，一個人的名字，就是他本人的本質；把握一個人的名字，就是把握他的生命。埃及神話中的伊斯（Isis）欺騙了太陽神拉亞（Ra），引誘祂吐露出自己的名字，因而控制了祂。此外，舊約希伯來選民也意識到：知道上帝的名字，就等於是領悟上帝的本質（Cf. *Symbolic Forms*, II, p.41）。

第三類：「關係」（Relation）範疇

康德的「關係」範疇統攝 a.實體——依附體（Substance-Accidents）、b.因果（Cause-Effect）、c.相互（Reciprocity）三個範疇。卡西勒則把它們演繹如下：

a.實體——依附體

在神話構思中，一事物之實體（Substance）與它的依附體（Accidents），沒有嚴格的分野；把握到一事物之依附體，就是把握到它的實體本身；更好說：實體與其依附體有其同一性（Identity）（*Symbolic Forms*,

II, p.42）。例如：人的影子、依附著人的個體而存在；在神話意識中，影子與其人有其同一性。踐踏一個人的影子，會爲那人帶來疾病傷害。西非洲人傳說用刀或釘子揷在一個人的影子上，可以置那人於死地。

b. 因果（Cf. *Symbolic Forms*, II, p.46 & p.66）

在神話構思中，任何事物的因能夠是任何事物的果，因爲任何事物都在時間與空間上與任何事物有關聯與接觸。茲分別引述科學推理與神話玄思對因果範疇的引用來比對二者之間不同的效果：

科學推理——當因果範疇應用在科學推理上，人會肯定一特定的「因」產生一特定的「果」，幷不能說任何事物都可以產生任何事物，即不能說任何的「果」都可以來自任何的「因」；人只可種瓜得瓜、種豆得豆，幷不能種瓜得豆。

神話玄思——可是，在神話的構思中，任何事物的因都可以是任何事物的果，因爲任何事物都可以在時間上、或空間上與任何事物有連繫與接觸。

爲此，神話上有所謂「神話的物化」（Mythical Metamorphosis），

例如：宇宙可以由深海中生出來，也可以由一隻龜變化出來，甚至可以從水上的蓮花綻放出來；太陽可以從一塊石頭的崩裂而釋放出來；人可以孕育自石塊，可以萌生自大樹；這一總神話的物化與變形，在科學眼光下簡直是不可思議的事。

c.相互性（Cf. *Symbolic Forms*, II, p.67）

康德所提出的相互範疇，其範圍牽涉很廣，它維繫著物與物之間的一切相互關係，其中包括主動與被動關係（Agent-Patient）、裏與外之關係（Inward-Outward）、本與末之關係、主與客之關係、首要與次要之關係（Essential-Non-Essential）等等。

卡西勒把「相互性」這範疇，理解成「相似性」（Similarity），意謂著物與物之間在比對與比較之下，凡相似的事物會被人聚在一起，把它們排成系列。有關這一範疇的應用，科學推理與神話構思會分別有不同的效應：

科學推理——在科學的分析上，人們會細心地把事物排列成各樣的種（Species）與類（Genus）；在排列上會有一定的規律與準則，不容混淆。例如：黑人、白人會被歸納在人種上；人與猩猩會隸屬於哺乳類中；我們絕對不會把人同白菜都一視同仁地歸入動物類。

神話玄思——但在神話的思維當中，人的歸類行動會超出科學的常規：爲神話意識而言，任何事物，只要在感性上有相似的地方，都可以被歸爲一類；換言之，不論石塊或龜子，只要外型相似，就同屬一類，彼此拉上關係。例如：初級民族爲了求雨，便由巫師作法抽煙，把煙從煙管中吐出來，煙既與雲相似，土人們馬上聯想到煙上升爲雲，雲下降而爲雨。在神話意識中，煙不只是雲雨的象徵，也不單是求雨的工具，人而且可以直接從煙的形像中，看出雨水的端倪。

第四類：「樣態」（Modality）範疇（Cf. *Symbolic Forms*, II, p.47）

康德的「樣態」範疇統攝a.可能——不可能（Possibility-Impossibility）、b.存在——不存在（Existence-Inexistence）、c.必然——偶有（Necessity-Contingency）三個範疇。人透過以上這三個範疇，分別會對事物下不同的判斷。

於此，卡西勒只集中在最後一個範疇——必然與偶有——上作反省；他認知到，不論科學眼光，或神話眼光，人們都一致地肯定：事出必有因；那就是說：任何事情的出現，都不是偶然地冒出來的，它必然地有它的原因：

科學推理——在科學的理解中，一個人生病，必有其病源；例如：傷寒病來自傷寒菌。

神話玄思——在神話的意識中，「必然——偶然」這一範疇可以有更廣泛的應用；例如：一個人患病，他的病源可以由於巫師作法，透過魔術來使人致病。總之，人間的災難、個人的疾病、死亡、痛苦，決不會是偶然意外地發生的，在神話的思考中，它們必然可歸究到某些魔術或邪靈的干預。

綜合四類悟性範疇的「本身解釋」（Tautegorical Interpretation），及卡西勒上述的說法，人的悟性範疇，在特殊的神話構思的應用之下，所產生的效果可表列如下：

(一)「量」（Quantity）範疇
——部分＝整體
(二)「性質」（Quality）範疇
——實體＝其屬性
(三)「關係」（Relation）範疇
——a. 實體＝其偶體
b. 任何事物的因可以是任何事物的果
c. 外型相似，即可歸類
(四)「樣態」（Modality）範疇
——沒有偶發事件，事出必有因

統稱「本身解釋」

卡西勒把以上的神話構思對悟性範疇的應用，稱爲「本身解釋」（Tautegorical Interpretation）（Cf. *Symbolic Forms*, II, p.38），換言之，用神話眼光看世界，就等於對世界作一個「本身解釋」。卡西勒提出「本身解釋」這名詞，目的是在把它與「寓意式的解釋」（Allegorical Interpretation）作對立，意思是：神話不是寓言，不是用寓言方式去表達某些涵義，而是對宇宙萬物本身作一特殊的理解，是爲人的悟性範疇的特殊運作。「本身解釋」，意指神話中的事物，是與其表象（Image）有著眞正的同一性（Real Identity），其表象就是這事物本身，上述悟性範疇的特殊運用，只是這「本身解釋」的較具體的引申而已。有關「表象就是其事物本身」這一神話看法，可有以下的例子：

例一：巫師可以製造某人的泥像，寫下其名字、加上他的生辰八字，向他作法，而置他於死地。人的神話意識本身能產生特殊力量，這力量在科學的理解上是不可思議的。

例二：在宗教禮儀如演神功戲中，人扮演神，導致人意識的轉變，此時他不單是在扮演神、或代表神，他就是神，透過演戲而成爲神，神的個體與這人本身藉著禮儀的進行而有著同一性，能對你產生力量。

B.感性層面上的功能

卡西勒《象徵形式哲學》卷二一書，其第一單元（Part One）重點在討論「悟性範疇」（Categories of Understanding）在神話意識中的應用。繼而，其第二單元（Part Two）重點則在討論「感性範疇」（Categories of Sensibility）在神話意識中的運作。我們既已在上文探討了「悟性範疇」的功能，現在就讓我們繼而探討「感性範疇」在神話構思中的功用。

神話意識在對神話有了理解後，還需要把所理解的境界表達出來，而成爲具體的神話故事；然而，神話是如何被表達？按卡西勒的看法，人是透過「感性範疇」來把神話的理解表達出來。

較詳細地說，卡西勒以康德對感性功能的分析作根據，而把它引用在神話的構思之上。康德的「感性範疇」有兩個：空間與時間，簡稱「時空架構」，由人自己所提供，屬主體認知結構的一部分。康德以爲：人未曾體驗具體的時間或空間，而所體驗的事物，都在時間與空間中被體驗，爲此。時間與空間是主體所提供的範疇，屬感性方面的事理，是爲感性的先驗形式，維繫著人的感性直覺（Sense Intuition）。爲康德而言，人的知識起於經驗，首先透過經驗的感性直覺而對「經驗與件」（Sense Data）有所把握；而所把握到的經驗與件都有其時間性與空間性，因爲經驗與件是透過感性範疇的時空架構而被吸收進人的意識內。

卡西勒承受了康德這套理論後，他反轉過來說：既然人對事物的認知都經過時空架構的過濾而被把握，因此，人若要表達神話的理解時，也須透過時空架構而表達出來，否則人無法領悟神話的境界。爲此，神話必有其空間性與時間性，這是人對感性範疇的特殊應用的效果。茲用以下的圖表來顯示卡西勒對康德理論的演繹：

康德：一般認知的運作

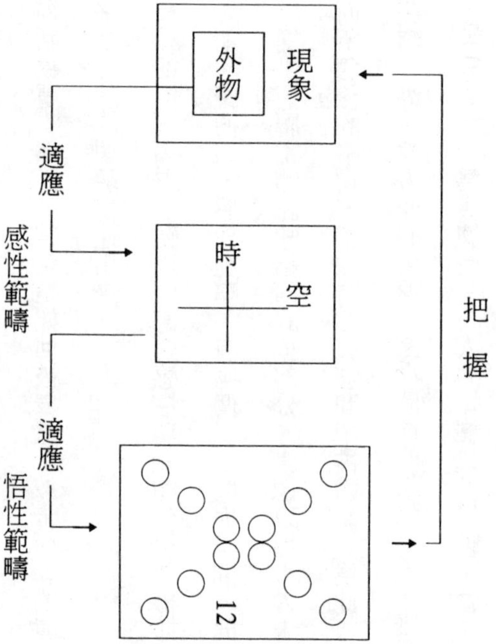

卡西勒：神話構思的運作

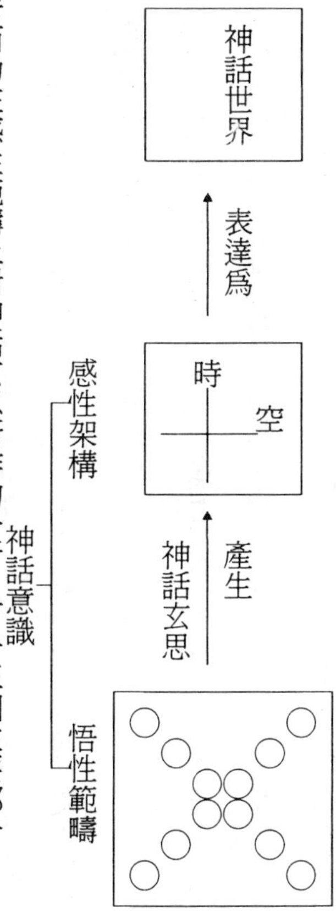

卡西勒在感性範疇上對神話玄思所作的分析，可分三個主要部分：

1. 神話空間（Mythical Space）。
2. 神話時間（Mythical Time）。
3. 神話數目（Mythical Number）。

1. 神話空間（Mythical Space）

卡西勒指出：每一個神話故事都牽涉到空間，即神話人物有其活動的空間範圍，而神話中的空間，主要分爲兩個領域：即「神聖」與「世俗」兩個境界

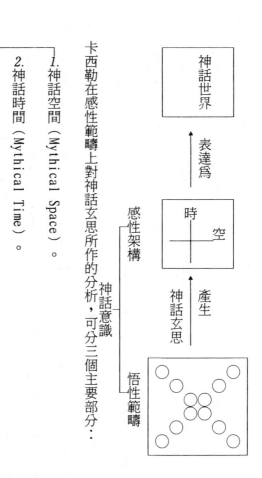

（The Sacred & the Profane）（Cf. *Symbolic Forms*, II, p.85）。他認爲：神話空間內的每一個位置與方向，都沾染了這個二分法的特色，而這特色可回溯到神話的一基本強調，那就是世俗與神聖的分野。關於世俗與神聖的分野，卡西勒承認他這理論是來自奧圖（Rudolf Otto）的《神聖》；〔*Das Heilige.* (Gotingen, 1917)〕一書，奧圖認爲：人對「神聖」境界的體驗本身是一種宗教經驗，人面對「神聖」時會同時產生「恐懼」與「嚮往」兩種感受，因爲神聖的莊嚴一方面叫人敬畏、另一方面卻令人神往；它是如此的聖潔，以致叫人回想到自己的不成全而心存恐懼，但它的完美也叫人心靈充滿了傾慕，渴望著與它冥合，而致被溶化於圓善的境地之中。總之，卡西勒以這理論爲基礎，而刻劃出神話空間的神聖與世俗之分界。

2.神話時間（Mythical Time）（Cf. *Symbolic Forms*, II, p.104）

卡西勒以爲：眞正的神話并不單是提出一些神話人物的形象而已。神話中的人物與事象，只有在被套入一故事演繹的形式中，才出現狹義的神話故事。而故事情節的推演與敘述，必然牽涉到時間上的延展；當人不再安於靜態地默觀神明的臨在，而開始冥想到祂們的作爲時，便自然而然地構想到其行實有時間上的先後次序與排列。換言之，光是神話人物的形象并不足以構成狹義的神話，它充其量只是廣義的神話意象而已；神話人物只有在被套入一段敘事的歷程，牽涉到時間的延展，才算是狹義的神話。此外，卡西勒又把時間劃分爲「神話時間」與「歷史時間」的分野；神話時間的延展并不與歷史時間互相吻合，也不能相提並論；例如：神話故事有所謂「山中方七日，世上已千年」的隔閡，人無法以歷史時間的流轉來衡量神話時間的走向，也無法以神話時間的濃縮來認同歷史時間的變動。再者，卡西勒強調：神話中的神話時間與歷史時間之分野，比神聖與世俗的分野更爲基本；神聖與世俗的比對，也須以神話時間與歷史時間之對比來作基礎，才可以被分辨出來；神話境域之所以能被描述出來，是因了它被套入一時間的形式而被表達，……神話人物的神聖，最後是歸究到原初的神聖（Sanctity of the Origin）；爲此，神話時間，比神話空間更爲基本。

*3.*神話數目（Mythical Number）（Cf. *Symbolic Forms*, II, pp.145-151）

與「空間」及「時間」有關聯的第三個感性形式是「數目」。神話中有些數目往往蘊含著特殊的意義，例如：「7」爲猶太民族及其他民族有圓滿的意義。

卡西勒認爲神話數目基本上源自人對「空間」、「時間」與「自我」的感受：

a. 數目與空間的關聯

從空間的層面上說，東南西北是世界的四個重要方向，爲此，「4」這個數字在神話世界中就有其特殊的意義；例如：北美洲土人以「4」這數目字來象徵宇宙的境界。進而，四方加上中間，便引申出「5」的數字；四方加中間再加上上下，便引出「7」的數目；很多民族對「5」和「7」等數字都體悟到有圓滿及整全的意義。這樣，空間與數目彼此有著極密切的關聯。

b. 數目與時間的關聯

人對空間的「神話感受」（Mythical Feeling），也緊密地連繫著人對時間的感受，此二者往往成了神話數目的根據地。有人體悟到：月亮運行一週約二十八天，二十八除四（即二十八天分四個階段），即獲得「7」的數字，指謂著每一階段有七天，而「7」乃被意識爲圓滿、滿全的意義。此外，世人也在一年中的不同日子內，領悟到不同的神話價值，而劃分爲吉日、凶日等日子。由此看來，時間與數目也彼此蘊含。

c. 數目與自我的關聯

人對「自我」的意識，引申出「1」的數目，人際關係上的「我」「你」「他」，引申出「1」「2」「3」。父、母、兒子三人成一家庭的整體。爲此，「3」在神話世界中有「完成」、「整體」的意義。基督宗教也體悟到神的內在生命爲「三位一體」。從上述的說法看來，數目與人的個體也結了不解之緣。

簡而言之，神話數目主要根源自「自我」對「神話空間」與「神話時間」的體驗，這是卡西勒個人所參悟出來的道理。

綜合說明

總結卡西勒的理論，我們可凸顯以下的幾個論點：

1. 卡西勒以爲，人透過「悟性十二範疇」的特殊運用而產生神話理解。
2. 人再透過「感性時空範疇」而把神話理解表達爲神話故事。

3.人整體的「悟性範疇」與「感性範疇」在神話構思的前題下所展現出來的特殊運作，總稱爲「神話意識」（Mythical Consciousness）。

4.「悟性範疇」在神話玄思的應用上，所孕育出來的理解與解釋，總稱爲「本身解釋」（Tautegorical Interpretation）。

5.人透過「感性範疇」的過濾與整理，其對神話的表達，必然具備時間性與空間性。

以上的論點可說是卡西勒對神話構思的一些比較重要的心得。

評論

卡西勒的理論，建基在康德的體系之上。如果我們不再接受康德的「悟性範疇」及「感性範疇」之說，則也無法純然地認同卡西勒對神話意識所作的論點。

1.關於「悟性範疇」與「本身解釋」

如果我們不承認有所謂十二悟性範疇，則也無所謂有悟性範疇的神話應用。然而，退一步說，我們至少可以問：人是否有特殊的神話理解？按卡西勒的參悟，以爲人對神話的理解包括：

㈠部分 —等於→ 整體

㈡實體 —等於→ 其屬性

㈢實體 —等於→ 其依附體

a.實體＝其依附體

b.任何事物的因都可以是任何事物的果

c.外型相似，即可歸類

㈣沒有偶發事件、事出必有因

此所謂「本身解釋」；而「本身解釋」再可以被濃縮爲以下的一句話——表象（Image）與其事物本身有著絕對的同一性（Absolute Identity）。於此，我們可以把剛才的問題翻譯爲：人是否有「本身解釋」作爲神話理解的先驗根據？

我們或許可以嘗試作以下的答覆：a.一方面，所謂「本身解釋」，看來不全限於神話理解；b.另一方面，神話理解也不全引用「本身解釋」；c.卡西勒所指的「本身解釋」，看來是語言運用上的「轉喻」（Metonymy），茲把這三點評語敘述如下：

a.「本身解釋」不全限於神話理解

有關「本身解釋」的應用，看來不全限於神話理解的層面，連日常生活的層面也會有被應用的機會。例如：古代中東國家如猶太、巴比倫等，在外交上就有「本身解釋」的引用：一國王派大使去見另一個國王時，這大使不但代表國王，在某意義下，他就是國王的肖像（Image），與國王有同一性。中東國家各民族都領悟：大使所講的話、所作的決定，就是國王所講的話、所作的決定。大使不以第三身立場來代言，而以第一身立場說：「我決定如此如此……」；總之，大使是國王的肖像，與國王有其同一性；這正符合了「本身解釋」的現象——肖像式表像是與其所表像的個體有其同一性。如此看來，「本身解釋」就不是神話意識的專利，它有著更廣的應用範圍。

b.神話理解也不全引用「本身解釋」

另一方面，神話理解也并非全然是「本身解釋」，至少很多看似「本身解釋」的事例往往只是一些單純的表像而已；更好說，并不是全世界所有的民族都以「本身解釋」來體悟神話，我們常常可以找到例外的例子。伊凡斯‧皮察（E. E. Evans-Pritchard）就有以下的例子足以作反證；按伊氏的一篇文章（"Nuer's Religious Thought", in *Sociologus*, 1954）：有一個非洲民族名魯亞族（Nuer），族人所崇拜的神名叫郭夫（Kwoth），意即「靈」（Spirit）；族人并不說他們認識這一位神，但有時他們會說某些東西是神，例如：雨是神（The Rain Is God）、光是神（Light Is God）、牛是神（The Ox Is God），而同時知道這些東西如雨、光、動物等是受造物。他們不說「神是光」（God Is Light），而說「光是神」（Light Is God），按伊氏的考究，得知他們的意思是：光是神的一種呈現（Light Is a Manifestation of the Spirit），神透過某些事物來顯示自己；世上的事物是神呈現的效果。爲此，當他們說：「牛是神」，他們同時知道牛不是神，只是他們把注意力放在其對象的象徵性之上，意會到「牛」在那個時份有其象徵意義。魯亞族人知道神是超越祂的表象，而不會認爲神與其表象有著絕對的同一性；他們知道這兩者之間的差別，他們只是把表象作爲代表而已，好能透過表象去對心目中的神施行敬禮，并以表象作爲神呈顯自己的效果；他們相信：任何事物若與神連繫起來看，神是有能力轉化這事物，使它成爲發顯神威能的工具。如果伊凡斯·皮察的研究是正確的話，則我們就可以說：神話意識的本身解釋并沒有絕對普遍的意義，并不適用於一切民族與文化，至少世人在神話的理解上不全套用本身解釋：即并非所有人的神話意識都毫無例外地把表象與所表象的神看成爲有神秘的同一性（Mystical Identity）。

c.「本身解釋」看來是語言學所指的「轉喻」（Metonymy）

依我看來，卡西勒所指的「本身解釋」，看來相等於語言學上之「轉喻式的表達」（Metonymical Expression），與「隱喻式的表達」（Metaphorical Expression）不同。按雅各遜（Jacobson）的提示：宗教語言往往引用兩種象徵語言：

i、隱喻（Metaphor）——例如：「神是光」（God is Light）。

ii、轉喻（Metonymy）——例如：「光是神」（Light is God）。

i、隱喻是以一個名字來代替（to Substitute）另一名字，例如：天國是爲一粒芥菜種子（Cf. 馬太13：31）。這是一種替代行動，以另一事物之名來取代此一事物之名，以隱晦出此一事物的更深意義。

ii、轉喻則是用一個表達辭來聯結兩件以上的事理：它有時是思維上的濃縮，例如："30 Sails of Ship"（船的三十航）：它有時是因果上的轉位，例如："Rain is God"（雨是神）：它有時是內容與容器的轉位，例如："A Drink of Glass（飲一杯）。「轉喻」的特性是把兩個或以上的概念濃縮爲一個表達辭，以致第一個概念獲取了第二個或以上的概念所蘊含的內涵與威能。

由此看來，卡西勒所說的「本身解釋」，看來是「轉喻式的表達」之同義辭，只不過「本身解釋」爲神話意識增添一份神秘色彩而已。如果「本身解釋」就是「轉喻」，則它無所謂是神話理解的一種先驗形式之特殊運用。

在評論了卡西勒的「悟性範疇」與「本身解釋」後，我們進而可以評論他的「感性範疇」與「時空架構」。

2.關於「感性範疇」與「時空架構」

卡西勒以「時間」和「空間」爲一切神話的構成條件（Constitutive Condition），這是可以被我們所贊同的，因爲任何神話故事都必然有它的時間性與空間性。〔有關這點，艾良德（Mircea Eliade）會在下文作進一步的發揮〕。神話的時間性與空間性在神話的範圍內是有其絕對普遍意義；我們找不到一篇全然缺乏「神話時間」與「神話空間」的神話故事。然而，我們能否說「時間」與「空間」就是主體的感性範疇，由主體所提供？

我們會同時對康德與卡西勒作這樣的回應：時間與空間不純粹是內在於主體的空形式，它們也有客觀上的指向與根據（Objective Reference）；人一切的感性經驗都沾上了時間性與空間性，因爲人所經驗的事物都在變動、在佔有方位；時間性與空間性不純粹是主體所提供的架構。如此說來，我們應該說：因爲一切經驗都牽涉到人經驗到事物的流轉變動與位置的轉移，因此在神話的表達上，我們也須透過引用一些與我們經驗有關的「時間」與「空間」，否則我們便無從領悟神話故事的內容。爲此，充其量我們可以承認「時間」與「空間」是神話的構成條件，而不必套用康德體系的「感性範疇」一說，也不必強調時空是主體所提供的先驗架構。

3. 結論

於此，我們在卡西勒的理論上，同時發現有值得肯定的地方與可商榷的地方：

a. 值得肯定的地方

i、卡西勒活用了康德的哲學體系，使康德體系更爲豐富、有更廣闊的應用範圍，甚至可以應用在神話的研究上。

ii、他也承繼了謝林（Schelling）的理論，肯定了神話是人思想的一個模式。

iii、卡西勒的興趣，不在於神話內容本身，而在於人主體的創造神話的能力，幷在這方面的思考下了很大的努力。

iv、卡西勒對神話分析上所作的最大的貢獻，在於肯定了神話時間與神話空間爲神話的構成條件，也指出了神話的時間性比其空間性更基本。

b.可商榷的地方

i、卡西勒太受康德哲學系統的限制，也承受了康德哲學體系上的一切弱點。

ii、我們若不能接受康德所提出的「悟性範疇」，也不能認同有所謂悟性範疇的神話理解。

iii、我們若不能接受康德所提出的「感性範疇」，也不能認同神話的時間與空間是純粹主體所提供的內在的先驗形式或架構，充其量它們只能算是神話故事的構成條件而已。

iv、卡西勒在「本身解釋」上及所引用的例子沒有絕對普遍意義，充其量只是語言表達上的轉喻。

最後，讓我們借用凱克（G. S. Kirk）在《神話》（*Myth*, p.265）一書中的評語來面對卡西勒：

「我們不禁仰慕卡西勒的熱誠、自信與其言辭上的詩意，然而，它們純然是一些猜想而已。有關於神話如何被創造一事，卡西勒所知道的并不比任何人多。

……他所描述的似乎首要是他對宗教的想法而已，而不能算是具體的神話構思」。

在我們探討了卡西勒與神話意識後，再讓我們進而探討佛洛伊德的潛意識與榮格的集體潛意識。

第二小節　佛洛伊德與潛意識

卡西勒與佛洛伊德二人的理論至少彼此吻合在一個共同點上，那就是：他們都致力在人的意識內找尋那創造神話與象徵的機能。爲佛洛伊德（Sigmund Freud）而言，神話在某意義下是部族集體的夢；而神話和夢都根源自人的潛意識，潛意識有製造象徵的能力。上述的論點蘊含三個要素：即A.潛意識、B.夢、C.神話。茲分述如下：

A.潛意識（The Unconscious）

人心靈可分爲三個部分：意識、先意識、潛意識。

意識（The Conscious）——指在清醒狀態時被我察覺的精神活動範圍及機能。

先意識（The Preconscious）——指我慣常不留意但容易被我發覺的精神活動範圍。

潛意識（The Unconscious）——指那須借助催眠或自由隨想始能被挖掘的精神部分。

按佛洛伊德的看法，潛意識是透過壓抑（Repression）而形成的。人不自覺而自動地把某些精神事理抑制下來，而潛藏在心靈中隱密的部分，是爲潛意識。當一種驅策力（Drive）被另一種驅策力所左右時，便產生抑制的現象。餓狗看到桌上的肉而不敢吃，只因爲牠害怕主人的責罵，以致牠只好把進食的慾望壓抑下來。類比地，人的潛意識的形成也是如此，某種動力或慾念經受壓抑而不容顯露，以致被抑制在心靈中隱密的地方。於此，我們可分辨 Suppression（壓制）與 Repression（壓抑）二者：Suppression（壓制）指自決的、有意識的抑制，而 Repression「壓抑」則指不自覺的、自動的抑制。一個人的壓抑行動如果進行得成功的話，可導致「昇華」（Sublimation），把個人的慾力疏導至更高境界的應用上，例如：成功地誘導性慾力往藝術的領域上發展，而產生高度的藝術成就；反之，壓抑行動若不澈底，則會導致錯誤行動（Parapraxias）如「失言」（Slips of Tongue）或「失憶」（Forgetting）等，也可導致夢境的產生。我們可在此對「夢」作一探究：

B. 夢

佛洛伊德認爲夢境反映潛意識；人透過「自由隨想」（Free Association）或「開口說白日夢」（Daydreaming Aloud），可以找出夢的眞正涵義。佛氏對夢的分析，至少可有以下的五個要點：

1. 夢分爲「顯內容」（Manifest Content）與「隱內容」（Latent Content）二種；「顯內容」乃在夢境中顯露出來的外在徵兆，而「隱內容」則是產生夢境的內在原因。

2. 夢是希望的實現（Wish Fulfillment）；人凡在白天未能完成的願望，可在晚間夢境中來完成。然而，甚至夢也有其「審查」（Censor）作用，即它能粉飾一些「不好」的願望，讓它用另外一些「可接受」的形像來出現，好讓自己

連在夢境中也可以心安理得。例如：某人憎恨其兄嫂，但他甚至在潛意識上也不願承認，於是他在夢境中發覺自己勒死了一頭小狗，如此一來，他可以心安理得得地把怨憤轉移至不相干的事物之上。

3. 夢的結構可分爲下列四種形式：

a. 濃縮（Condensation）——指夢的內容透過濃縮而成，例如：「集體人物」（Collective Person）是由很多個體濃縮而成的一個人物。

b. 移置（Displacement）——有關夢中之感情的發洩，人離開了他感情發洩的眞正對象，轉而把情緒發洩在一不相干的對象之上，如上述所舉的勒死小狗的例子般，人把憤恨兄嫂的情緒發洩在不相干的小狗之上，好使自己連在夢境中也心安理得。

c. 排演（Dramatisation）——夢的內容是藉著圖像來表現出來，而不以言辭來表達；換言之，它把抽象的意念轉化爲具體的意象。

d. 象徵（Symbolization）——夢中一個具體的圖像，成了另一事理的象徵。這些象徵往往是與生理及性有關，有其普遍意義，可以馬上予以解釋。

4.夢是心理的記號（Psychic Sign）。談及記號或徵兆（Sign），我們可分辨四種：

a.記號（Sign）與被表徵的事物（the Signified）同是具體或有機體上（Organic）的事理，例如：發燒是身體失調的跡象。

b.記號（Sign）是有機體上（Organic）的事理，但被表徵的事物（the Signified）卻是心理上（Psychic）的事理，例如：人因害羞而臉紅。

c.記號（Sign）是心理上（Psychic）的事理，但被表徵之物（the Signified）卻是有機體上（Organic）的事理，例如：牙痛。

d.記號（Sign）與被表徵的事物（the Signified）同是心理上（Psychic）的事理，例如：夢。

夢是爲心理記號，表象心理事理，爲前人所忽略，卻被佛洛伊德所強調。

5.夢是自然的（Natural）、個人的（Individual）心理語言（Psychic Language）；它是個人的語言，因人而異；它是自然的語言，自動地流露，連運用它的人自己也不瞭解它。

談及夢境，佛氏就認爲我們不得不同時談及神話，因爲二者有密切的關聯。

C. 神話

若把夢境與神話相提並論，我們可凸顯以下的焦點：

1. 人有潛意識。
2. 潛意識有製造象徵的能力。
3. 潛意識製造象徵的能力表現在夢境中。
4. 但夢境中的象徵，并不規限在夢境的範圍以內，也在神話中出現。
5. 夢的象徵與神話的象徵極爲相似：
   a. 它們的內容都超越一般邏輯思考的常規與普通時空的界限。
   b. 它們同是象徵，有著「顯內容」（Manifest Content）與「隱內容」（Latent Content）。
   c. 其象徵都不由人刻意地營造，而是自然地流露。
   d. 佛氏以爲它們的內容都象徵著性的事物；例如：

房間、門口：象徵女性陰道。

尖銳武器、樹幹、手杖：象徵男性陽具。

箱子、櫃子：象徵女性子宮。

此外，圖騰的形象，很多是性器官的造形。

6. 有不少民族暗示，他們的神話來自夢，例如：

a. 馬來西亞的辛奈族人（Senoi）擅長作夢，并把夢境內容述說給團體，漸而演變爲神話傳說。

b. 澳洲土著以古時的時間爲夢的時間（Dream Time），也肯定夢與清醒時的境界一樣眞實。

c. 北美洲印第安人（如 Pima, Yuma, Mohave, Hopi, Navaho 等族人），相信神話是透過人的夢境而得來的。

7. 佛氏因而暗示：神話是民族的夢。〔Cf. *Interpretation of Dreams* (1900) & *On Dreams* (1901), in *Complete Works of S. Freud*, Vols. IV & V (London: Hogarth Press, reprinted 1978)〕。民族把自己古遠的夢想演化爲

神話，相傳給後代。

8.神話有滿全民族的夢想與願望的作用，恰如夢有滿全個人的夢想與願望一般，藉此使未能完成的意願獲得發洩的機會，好能消除人們的憂慮、壓抑和衝動。

9.佛洛伊德也暗示：神話是民族幼兒期夢想的產物（Myth Is the Age-Long Dreams of Young Humanity）。一個民族，恰如人的個體成長一般，經歷幼兒期而達致成年的各階段。神話是一個民族在其幼兒期所遺下的幻想；它們如同成年人回憶幼兒期的美夢一般地被保存下來。

綜合上述的說法，佛洛伊德在這方面的主要論點是：夢與神話①都出自潛意識，②都是象徵、同時包含顯內容與隱內容，③都有滿全願望的作用。

D.附註：佛氏對「集體潛意識」的暗示

當佛洛伊德提出夢與神話的相似性、并承認夢與神話的象徵出自人的潛意識之時，他的理論誠然已埋下了一條伏線，暗示著整個民族也應該如同人的個體一般，有它的潛意識，即「集體潛意識」（Collective Unconscious），以人類的

「集體潛意識」作爲神話製作的根據。固然佛洛伊德沒有說出這一論點，但至少佛氏的理論可以往這個方向來演繹，爲此，即使這論點不是佛氏的原意，他也無法阻止他的傳人榮格（Carl Gustav Jung）後他而來明顯地鋪陳這一理論。

在討論榮格如何發展佛氏的提示以前，看來我們須先給佛洛伊德作一個評論：

E. 評論

一般人對佛洛伊德的評論是：或許有一部分的神話是出自夢境，但佛氏不應以偏概全地把這論點絕對普遍化。換言之，他不應該忽略以下的一點：神話的孕育、除夢境以外、尚應有別的原因。茲借用艾良德（Mircea Eliade）在《神話、夢、與奧秘》〔*Myth, Dreams and Mysteries.* (New York: Harper & Row, 1960), p.14〕一書中的見解來作抒發：

> 在夢的世界裏，我們一而再地找尋到一些構成神話的象徵、圖像、人物、與事件。

半個世紀以來，因了佛洛伊德的天才，所有深層心理學都致力從這一發現上作研究。幾乎所有的心理學家都受到大誘惑，去企圖從潛意識的內容與功能上引申出神話的人物與事件。在某觀點上看，心理學家們是對的；人的確能在人物的作用與事件的結果上把潛意識活動、宗教和神話等層面作等同。但我們不應把「等同」與「約化」混爲一談。當心理學家把神話人物或事件約化爲潛意識的過程時，宗教歷史學家——可能不單止他一人——會對其說法感到猶豫、不敢妄然隨從。

在對佛洛伊德的論點作了評論後，我們可以進而看看榮格如何從佛氏學說的基礎上引申出「集體潛意識」的概念。

第三小節　榮格與集體潛意識

那位曾爲佛洛伊德同僚的榮格（Carl Gustav Jung），在學說上深受佛氏理論影響，且對佛氏論點有下列的回應。

A. 對佛洛伊德論點的回應

1. 改進佛氏的個人潛意識

佛洛伊德認爲：潛意識是透過壓抑（Repression）而形成；榮格則補充說：潛意識不單孕育自壓抑，而且還蘊含著一補償作用（Compensation）。人的精神體（Psyche）乃一自我調息的系統（Self-Regulating System），人透過潛意識而補償意識上的不均衡發展；例如：一個人如果在意識上過份發展其理性面（Intellectual Side），則他的潛意識便自動發展其情感面（Affective Side），此所謂一調整作用。潛意識所發展的那一面，偶然會在意識上出現，而引致心理上的危機。

2. 補充佛洛伊德對夢的解釋

有關夢的理論，榮格并不反對佛氏的說法，只是榮格認爲：夢不全解釋以往的經驗，它也使人意識到將來的希望、嚮往、（尤其是宗教上的對絕對境界的嚮往）、可能性、及應發展的方向。

3. 引申佛洛伊德之潛意識說法爲集體潛意識

榮格認爲：人不單有個人潛意識（Personal Unconscious），而且有人所共有的集體潛意識（Collective Unconscious）。集體潛意識就是有人以來所共同綜合的精神經驗，被所有人所分享，作爲一切人的個人潛意識之基礎，如圖表所示：

B.導致榮格提出集體潛意識這論點的前因

有關集體潛意識的提出，佛洛伊德的學說固然是一個主要的前因，但近代某些人類學家及哲學家的理論，也向榮格給予不少的提示，茲分述如下：

*1.*佛洛伊德的影響

佛洛伊德曾指出神話與夢的相似性，且肯定神話與夢都出自潛意識。但問題是：究竟神話的象徵是出自個人的潛意識？抑或是出自一個集體潛意識？如果神話是一個民族整體的產物，沒有個別具體的作者來創作它，那麼，是否會有一個整體的潛意識在統御著一個民族，或甚至全人類？佛洛伊德本人沒有明顯的作答，然而其理論已暗藏了這一思路，等待榮格來發揮。

2. 人類學家的影響

與榮格同時的人類學家中，已開始有人想及集體潛意識的可能性了，只是他們不敢直截了當地肯定它而已。例如：涂爾幹（Emile Durkheim）已提出一民族可有「集體表象」（Collective Representations）這回事，即個人提供一些象徵，被團體所綜合，而成了一個團體的東西。此外，伊凡斯・皮察（E. E. Evans-Pritchard）又在其著作《初級宗教理論》〔*Theories of Primitive Religion.* (Oxford, 1965), p.63〕重複涂爾幹的意見，認爲：宗教觀念孕育自個人的想法，被團體所綜合：這些觀念一旦形成，它們就有其各自的生命，超出個人的控制以外。

3. 哲學家的影響

與榮格同期的浪漫派哲學（Romantic Philosophy），也流行著對「集體潛意識」這一概念作構想。例如：愛德華・馮・哈特曼（Eduard von Hartmann）在其《潛意識哲學》（*The Philosphy of the Unconscious*）一書中認爲：人的意識是以個人潛意識爲基礎，個人潛意識是以集體潛意識爲基礎；爲此，自我出自集體潛意識，又名潛意識意志（the Unconscious Will），自我是集體潛意識進化的成果。

以上的機緣與影響，都促使榮格孕育幷提出集體潛意識這論點。

C. 有關榮格「集體潛意識」的具體內容

1. 首先，榮格承認神話的內容與夢的內容相似；他說：神話的構思與我們在夢中的思考幾乎一模一樣，這點幾乎是自身明顯的一回事。〔Cf. *Symbols of Transformation.* (1911; English Trans. of the 4th edition. New York: Bollingen Foundation, 1956）, p.24〕。

2. 然而，榮格不同意佛洛伊德所說的：神話是出自民族幼兒期的幻想；相反地，

榮格認爲神話是年青的人類最成熟的產物。

3. 況且，製造神話象徵這回事，不因一個民族的發展而中斷；甚至在當代的西方文化，也繼續有神話的製作。例如：德國納粹以日耳曼民族爲最優秀民族，其使命在消滅低級民族；此外，共產主義期待著烏托邦式的末世圓滿；這些都是當代神話構想的例子。

4. 榮格甚至主張：現代西方文化之所以面臨危機，是因爲人們漸漸放棄基督教義中的神話成份，不再以基督教義的神話之教訓來作生活準則，這使人心靈日益空虛，比以前更物質化、更表面化。〔Cf. Jung, *Modern Man in Search of a Soul.*〕。榮格所指的現代人（Modern Man），即文藝復興與宗教革命後之西方人；他們經歷工業革命、科學發展、唯物思想盛行、與基督宗教權威之失喪，這一切都促使舊的神話成份被放棄，於是現代人只好重新找尋新的神話，希望能在心靈上獲得更新。這樣，舊神話崩潰，新神話代之而興。

5. 如果現代人尚有神話的製作，這表示：製造神話的能力不只限於一個民族的幼兒期；相反地、它時時刻刻潛伏在整個人類的各個發展階段；更好說，神話的製作在空間上遍佈整個世界，在時間上貫串整個人類發展歷程的一切階段。

6. 榮格甚至進一步主張：人類擁有一種近乎天生的本能（Instinct），與生俱來便有傾向製造一些象徵，而所製造出來的象徵，在相當程度上，是有其普遍性，即在各民族的神話中、在各人的夢境中、在宗教家的神視中、在巫術的雕像中、甚至在精神病的幻覺中，都出現類似的象徵產物。例如：智慧老人、大地之母、神降生成人、「4」的數字、十字架、曼陀羅（Mandala）等等。這表示人有製造某些象徵的基本傾向，以致相類似的象徵在不同民族、不同情況、不同時代中相繼出現。爲此，榮格認爲：它們必然有一個共同的、集體的來源，這來源是——整個人類共同擁有一個類似集體心靈的總匯，即一個集體潛意識。個人的潛意識是以這個集體潛意識作爲基礎。

7. 榮格所理解的集體潛意識，并不是神的心靈，而是人類自有人出現以來所累積、所綜合而成的精神經驗的整體；這些經驗都遺傳給所有的人，使所有的人都能透過所遺傳的經驗，而本能地製造出一些具有普遍意義的象徵，適用於各民族、各時空。

D.與「集體潛意識」相應的概念——原型（Archetypes）

那些爲各時空都同具普遍意義的象徵，被榮格稱作「原型」（Archetypes）。較嚴格地說，榮格所稱謂之「原型」，誠然蘊含著兩重意義：即*1.*由「集體潛意識」所引發的基本象徵、與*2.*人製造基本象徵的良能。茲分述如下：

*1.*原型乃集體潛意識所引發的基本象徵

人從集體潛意識中，往往生出一些基本的象徵，爲所有民族所共同保有：這些基本象徵，即爲榮格所稱之原型：換言之，原型乃人類集體構思、集體想像的產品：如上文所引的一些例子，各民族都共同以老智者象徵智慧，都尊奉那孕育萬物的基礎爲大地之母，以心作爲愛的標記、以上天爲神的居所、以下地爲魔的監獄、以光象徵聖潔、以黑暗象徵邪惡、以神爲愛世人而降生成人，此外，不同民族都有其太陽神、月神、Mandala、Anima、Animus等意象，這些象徵都被榮格體悟爲原型。榮格意識到：整個人類在經歷無數次類似的經驗後，就在腦海中留下深刻印象，而所製造的象徵，都遺傳給後世。這些象徵是先天的、近似與生俱來的、超越空間與地域、甚至超越時間與年代，而爲人類整體所共有。

2. 原型乃人製造基本象徵的良能

然而，在榮格的作品中，我們尚能發現「原型」的第二重意義，即榮格有時會把原型一名來稱謂人那股製造基本象徵的良能或基本傾向。例如，他在其所編輯的《人類及其象徵》〔*Man and his Symbol.* (London, 1964), pp.67+69; 中譯本：（台北：好時年，1983），p.80〕有這樣的說法：「原型是形成這種意念表象的性向——表象可以在不失去其基本模式下改變許多細節。……原型是始於我們意識的表象（或被意識獲得），……說實在，它們是個本能的『傾向』，就像鳥築巢、螞蟻形成有組織的群體一樣明顯」。

總之，原型在古今中外、不同文化中出現，且多與宗教有關；爲此，榮格肯定：在人的潛意識中，每一個人都在嚮往著一個超越的境界，而且準備接受它。

E. 對榮格的評語

在聆聽了榮格的一些論點後，也許我們可以平心靜氣地作一個評論；我們的評語主要是集中在兩個重點之上，即 *1.* 集體潛意識、與 *2.* 原型：

1. 關於集體潛意識

a. 優點：榮格對集體潛意識這概念的提出本身是有其優點所在，它使我們意識到文化與文化之間往往有它們的相同點或相類似的意念與構思，值得我們正視與比較。

b. 質疑：然而，我們不免對他的論點作出質疑，因爲我們也往往發現在文化與文化之間，有很多不相同的地方；不相同文化的人也會用相同或相似的事物來象徵截然不同的東西，例如：龍在中國是高貴的象徵，但在西方文化卻不見得有如此的意義；此外，羔羊爲基督宗教信徒而言是聖潔的象徵，但爲非洲某部落而言卻不見得有如此的含意。

c. 去肯定有集體潛意識，就等於肯定人的印象與記憶可以遺傳；可是這點卻沒有科學上的根據。

d. 其實，我們大可不必用「集體潛意識」這概念與預設來解釋文化與文化間相同的象徵，我們可以用更簡單的理論來化解，那就是說：人有相同的經驗；這些相近似的經驗并不因文化地域的不同而有差異；例如，關於老智者的形像，任何文化的人都體驗到一些老人在言行上的智慧，我們不必數諸「老智者」的「原型」才把老人象徵智慧；此外，有關太陽神和月神的崇拜，任何文化中的人都體驗陽光的溫暖，與月亮的皎潔，人類可不必預設有日神、月神的原型，也可製造日光、月光的神話。

2. 關於原型

談及原型這一概念，榮格尚未作出一個系統的研究，他幷未能舉出足夠的資料去證明他的說法。爲此，凱克《神話》（Kirk, *Myth*, p.275）有這樣的評語：雖然榮格及其門人在衆多作品中強調原型爲經常而普遍的現象，到底，他們尚未企圖作出確實的統計與考據來說服我們去信服這樣的一個預設。

不過，我們至少可以說：榮格的論點有其精采的地方，值得我們深思。在離開榮格的學說以前，茲讓我們用以下的圖表來比較一下佛洛伊德與榮格在潛意識與象徵的製造上所提出的思路：

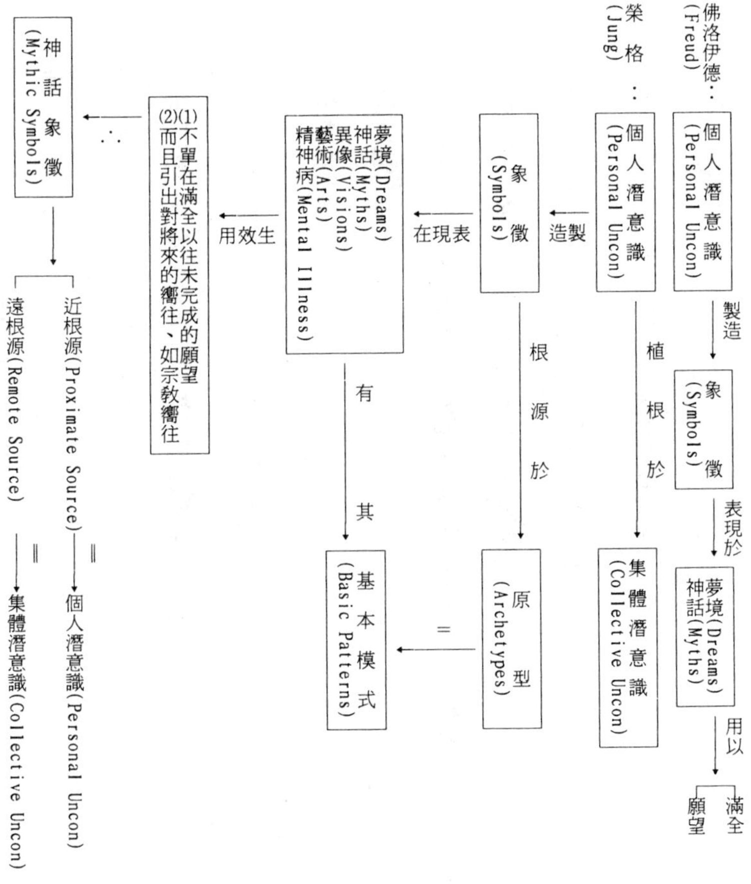

佛洛伊德(Freud)：
個人潛意識(Personal Uncon)
製造
象徵(Symbols)
表現於
夢境(Dreams)
神話(Myths)
用以
滿全
願望
榮格(Jung)：
個人潛意識(Personal Uncon)
造製
象徵(Symbols)
表現在
夢境(Dreams)
神話(Myths)
異像(Visions)
藝術(Arts)
精神病(Mental Illness)
生效用
(1)不單在滿全以往未完成的願望
(2)而且引出對將來的嚮往、如宗教嚮往
∴
神話象徵(Mythic Symbols)
近根源(Proximate Source)
遠根源(Remote Source)
＝
個人潛意識(Personal Uncon)
集體潛意識(Collective Uncon)
植根於
集體潛意識(Collective Uncon)
根源於
原型(Archetypes)
＝
有其
基本模式(Basic Patterns)

附論：對佛洛伊德、榮格、卡西勒作綜合評述

綜合三人的理論，我們可作出以下的比較：

1. 三者的不相同點

他們分別來自不同的學理傳統：

卡西勒——屬新康德派，採回溯認知機能的進路。

佛氏與榮格——是心理學家，從心理分析出發作探討。

2. 三者的相同點

a. 都從主體心靈上找根據：

三人都從主體方面找尋那製造神話象徵的機能與根據。

佛　氏：神話／夢／象徵來自個人潛意識

榮　格：神話／夢／象徵來自集體潛意識

卡西勒：神話來自認知結構的先驗形式

b. 相同的毛病：

三人都把主體創造神話的機能與形式（Form）絕對普遍化，以爲一切神話都必然出自主體的潛意識，或先驗形式、或先天的原型。

3. 不可取之點

我們無法證明有榮格所指的「集體潛意識」與「原型」、或卡西勒所指的「先驗形式」。

4. 可取之點

至少我們可以認同部分神話來自個人潛意識，也肯定卡西勒所提出的「神話時間」與「神話空間」有絕對普遍意義。〔但我們只能肯定它們只是神話的構成因素，而沒有充分理由去肯定它們是「感性先驗架構」。〕

第四節　從構成條件上把握神話的最基本因素

在上一節，卡西勒已提出一個重要主張：神話時間與空間是神話的構成因素。然而，神話的時空如何是神話的構成因素？有關這一問題，艾良德（Mircea

Eliade）則有進一步的探討：

在其幾本較具代表性的著作如《永恆循環神話》（*Myth of the Eternal Return*）、《神聖與世俗》（*The Sacred & the Profane*）、及《圖像與象徵》（*Images & Symbols*）等書中，我們都可以讀到艾良德這樣的一個論點：「時間」因素（Time Factor）是每一個神話的構成條件（Constitutive Condition）。艾良德的論點可被濃縮爲這樣的說法：

每一神話都暗示出時間的二分法（Dichotomy of Time），即每一神話都浸潤在「神聖——神話時間」（Sacred-Mythical Time）之內，與日常生活的「世俗——歷史時間」（Profane-Historical Time）相對立。正如《圖像與象徵》〔*Images & Symbols.* (London: Harvill Press, 1961), pp.57-58〕所指：神話在敘述一段故事，這段故事發生在神聖的、神話的時間內，與日常的時間不一樣。我們日常所生活的時間是那種「不斷流逝、剎那生滅、去不復返」的世俗的、歷史的時間。反之，神話所展現的時間卻是循環的、可重複地被實現的；當人敘述一段神話的時候，他多少重現了（Reactualizes）這段神話所處的神話時間，他透過敘述而讓聽衆或讀者們重新臨現在這段神話時間內，從中獲得這篇神話所給予的神力與滋養。誠然！當講者頌讀一段神話的當兒，世俗的、歷史的時間即暫時地、象徵地被廢除掉、隱沒掉、超越掉；取而代之的則是那神話的時分——那神聖的、神話的時光。換句話說，頌讀者與聆聽者都藉著神話故事的敘述而被捲入了另一種光陰裏，在那境界裏，那世俗的、歷史的時刻已被隱沒了、克服了，他們已浸潤在一超越「延展性」（Durational）的、永恆的、可一再臨現的時間之中。

當艾良德提出了「神聖、神話時間」與「世俗、歷史時間」這二分法的時候，他實際上已合併了兩套二分法：第一套是「神聖時間」比對「世俗時間」，第二套則是「神話時間」比對「歷史時間」。從艾良德的合併來說，他已隱然地等同了「神話的」與「神聖的」，又把「歷史的」與「世俗的」劃上等號。我們爲了要有條理地反省艾良德的理論，首先需要分別處理這兩套二分法的對比。

A.「神聖時間」比對「世俗時間」（Sacred Time Vs. Profane Time）

艾良德承認：他對「神聖」與「世俗」這一對比之說，是取材自奧圖（Rudolf Otto）名著《神聖》（*The Holy*）中的理論。人對「神聖」的體驗是一種宗教體驗，人面對神的臨現而一方面感到「驚懼」、另一方面又感到「嚮往」。所謂「驚懼」者，乃因神的聖潔莊嚴叫人望而生畏、以至自慚形穢得無地自容；所謂「嚮往」者，乃因神的美善圓滿叫人如沐春風，因而悠然神往，深深地被吸引。

艾良德發揮說：神話啓示出絕對的神聖，它顯示了神的創生、德能與化工，這一切都叫人既敬畏、又嚮往。神話所描述的神聖境界，與世界的日常生活截然不同，無可比擬。艾良德所指的神聖，就是神的氛圍、呈顯、與臨在；人一旦體驗到神的境界，便深深地體悟到「神聖」與「世俗」的分別與對立：「世俗」是指我們日常所接觸的本性界，「神聖」則指那超脫塵俗的超性界，二者天地懸殊，無法相提並論。神話既然啓示神聖的境界，神話所展現的時間也因而是神聖的時間；而相對地，老百姓日常生活的時間就被體悟爲世俗的時間。這是第一套的對比。

B.「神話時間」比對「歷史時間」（Mythical Time Vs. Historical Time）

與第一套對比合併的是第二套對比，也就是「神話時間」與「歷史時間」的對比。按艾良德在《圖像與象徵》（*Images & Symbols*, pp.57-59）的提示，「歷史時間」所保有的性質是「編年的」（Chronological）、「歷史的」（Historical）、「不倒流的」（Irreversible）、「個別的」（Individual）這四個特徵。比對之下，「神話時間」則凸顯出「非時間性的」（Non-Temporal）、「超歷史的」（Supra-Historical）、「可倒流的」（Reversible）、「永恆的」（Eternal）這四個特質。茲分述如下：

1. 分別反省

a. 歷史時間之特質

i 編年的（Chronological）——歷史時間是編年的，即有先後次序的排列，分過去、現在、將來，有規律地、按部就班地流動，可以由時鐘所衡量，可以按日曆來計算。

ii 歷史的（Historical）——歷史時間是歷史的：那就是說，它可被考證爲歷史事實、有歷史根據，有眞實的人、地、事、物爲它作見證。

iii不倒流的（Irreversible）——歷史時間是不倒流的；歷史時間剎那生滅，不斷流轉，一旦飛逝，則去不復返。人們無法把歷史的光陰留住，也無法叫已過去的時日倒流。

iv個別的（Individual）——歷史時間的每一分秒都是個別的、單一的、獨特的單位。第一秒鐘不包含第二秒；甚至每一秒的前瞻（Anticipation）與回顧（Retention），也不能完全擁有前一秒與後一秒的時分。

總之，艾良德所指的歷史時間，就是我們日常生活所接觸的現象的、經驗的一般時間，人們在正常生活所碰到的時間都擁有這四個特點。相反地，神話時間則與之殊異。

b.神話時間之特質

i非時間性的（Non-Temporal）——神話時間是非時間性的；那就是說：它是沒有歷史時間般的延展（i.e., Without Duration），并非如歷史時間般地變遷流動、剎那生滅；它不受歷史時間的規則所限制，不能以時